Ein Buch aus dem Rowohlt-Pegasus-Programm

Die Erzählungen übersetzte
Barbara Uhl
Die gereimten Märchen übertrug
Heinrich Maria Ledig-Rowohlt

Roald Dahl

Konfetti

Ungemütliches und Ungezogenes

Rowohlt

Die drei Erzählungen
«Der Mann mit dem Regenschirm» («The Umbrella Man»),
«Mister Botibol» («Mr Botibol»),
«Mein-ist-die-Rache-GmbH» («Vengeance Is Mine Inc.»)
wurden dem Band «More Tales of the Unexpected» entnommen,
der zuerst 1980 bei Michael Joseph, Ltd., London, erschien.
Die vier Märchen
«Die wahre Geschichte von Aschenbrödel» («Cinderella»),
«Schneewittchen und die sieben Zwerge»
(«Snow-White and the Seven Dwarfs»),
«Rotkäppchen im Pelz» («Little Red Riding Hood and the Wolf»),
«Rotkäppchen und die drei kleinen Schweinchen»
(«The three little Pigs»)
wurden dem Band «Revolting Rhymes» entnommen,
der 1982 bei Jonathan Cape, London, erschien.
Schutzumschlag- und Einbandentwurf Hans Hillmann

1. Auflage März 1983

Gesetzt aus der 10.5 pt Janson (Linotron 404)
Gesamtherstellung Clausen & Bosse, Leck
Printed in Germany
ISBN 3 498 01245 2

Ungemütliches und Ungezogenes

Inhalt

Die wahre Geschichte von Aschenbrödel

Wie man sie Euch erzählte immer,
War die Geschichte nicht, nein schlimmer,
Viel grauslicher, als Ihr sie kennt,
Und was man halt so Märchen nennt.
Das meiste war da lieb und brav
Und störte keinen Kinderschlaf.
Zu Anfang schien's zwar gut erdacht,
Da, wo im Schutz der dunklen Nacht
Die schiechen Schwestern, reich geschmückt,
Zum Ball im Schloß sind abgerückt,
Nachdem im Keller voller Ratten
Sie Aschi eingeriegelt hatten.
Die Ratten hatten nichts zu schnappen,
Und Aschi war ein flotter Happen.
Sie brüllte: «Hilfe! Au, mein Zeh!»
Das hörte wohl die Zauberfee.
Und so erschien sie blitzgeschwind
Und fragte: «Fehlt dir was, mein Kind?»
«Du machst mir Spaß!» schrie Aschi laut,
«Versetz dich mal in meine Haut.»

Schlug mit der Faust wild an die Wände:
«Oh, hilf, bevor der Ball zu Ende.
Ich will hier raus aus diesem Knast,
Da ist 'ne Disko im Palast.
Ich will ein Glitzer-Festgewand,
Ich will 'ne Kutsche, viergespannt,
Zwei Silberpumps und auch Geschmeide
Und Nylons von rasanter Seide.
Komm ich zum Ball so rausgeputzt,
Was wetten, daß der Prinz da stutzt.»
Die Fee, die sprach: «Wart es nur ab»
Und schwang geschwind den Zauberstab.
Da gab es einen kleinen Knall,
Und schon war Aschi auf dem Ball.
Als sie dann tanzte mit dem Prinzen,
Wie da die schiechen Schwestern linsten.
Sie hielt ihn fest an sich gepreßt,
So fest, wie sich nur pressen läßt.
Sie brach ihm fast die Rippen,
Schon blau war'n seine Lippen.
'S schlug Mitternacht, da schrie sie: «Mann!
Ich muß nach Haus, so schnell ich kann.»
Der Prinz schrie auf: «Wieso, nein, nein!
Du bleibst mir hier, denn du bist mein!»
Als Aschi schrie: «Laß los, s'is Zeit!»
Riß er in Fetzen ihr das Kleid.
Im Unterzeug rannt' sie ihm fort,
Ein Pumps blieb auf der Treppe dort.

Der Prinz, der stürzt sich drauf im Nu
Und preßt ans Herz den kleinen Schuh.
«Die, dem der paßt», so rief er laut,
«Wird morgen früh schon meine Braut!
'Ne Razzia von Haus zu Haus!
Die kommt mir ganz bestimmt nicht aus!»
Dann legte er den Pumps von ihr
Recht achtlos auf ein Faß mit Bier.
Doch von den beiden Schwestern stahl
Die schiechste ihn, verließ den Saal,
Schmiß dann den süßen Schuh ins Klo
Und lachte dabei auch noch roh.
Auf jenes Bierfaß legte sie
Den eignen Schuh, als hätt es nie
'Nen anderen gegeben. –
So geht's manchmal im Leben!
Der Prinz, kaum, daß der Morgen graut,
Sucht Haus um Haus nach seiner Braut;
Und jedermann wird streng verhört,
Wem dieser Schuh denn bloß gehört.
Der aber ist so groß und breit,
Daß er halt jedem Fuß zu weit.
Ein Rüchlein stand auch noch darin
Vom Schweißfuß der Besitzerin.
Doch wer sich auch an ihm versucht,
Nie paßte er. Der Prinz, der flucht.
Der schiechen Schwester endlich paßt er!
Na, unser Prinz, was meint Ihr, rast der?

Doch die schreit: «Ho! Jetzt wird gefreit,
Ich hab auch schon das Hochzeitskleid!»
Der Prinz wird grün wie eine Wiese,
Nichts wie hier raus, ist die Devise.
«Oh, nein, du hast's nun mal geschwor'n,
Und ich hab diesen Schuh verlor'n!»
«Den Kopf ab!» rief der Prinz da munter.
Mit einem Schlag war er herunter.
Und hocherfreut der Prinz da rief:
«Der Kopf saß ohnehin zu schief.»
Gleich trat die zweite Schwester an,
Ob ihr der Schuh wohl passen kann.
Da schrie der Prinz: «Paßt das vielleicht?»
Und zwischsch sein Schwert die Luft durchstreicht.
Rot spritzt's, und plumps, am Boden rollte
Der Kopf, der hoch hinaus schon wollte.
Uns Aschi bei den Küchentöpfen,
Die hört das Bumsen von den Köpfen.
Den eigenen hinausgereckt
Fragt sie, was wohl dahintersteckt:
«Was soll denn bloß der Krach im Haus?»
Darauf der Prinz: «Halt dich da raus!»
Wie's Aschi da im Herzen graut,
Ein Prinz, der Köpfe runterhaut!
Wer so was bloß zum Spaße treibt,
Der bleibt wohl besser unbeweibt!
Der Prinz rief: «Wer ist diese Schlumpfe?
Ab mit der Nuß! Den Kopf vom Rumpfe!»

Doch da erschien im Lichterstrahl
Die gute Fee nun noch einmal.
Sie schwang den Zauberstab mit Macht
Und rief: «Sei auf 'nen Wunsch bedacht!
Sei er auch noch so sonderbar,
Mein Aschenbrödel, er wird wahr!»
«Oh, liebe Fee!» rief Aschi munter,
«Diesmal wünsch ich mir gar kein Wunder.
Wozu denn Prinz und Pomp und Pracht?
Nun sei ein kluger Wunsch gemacht.
Ich bin auf einen Mann nur scharf,
Wenn ich den Kopf behalten darf.»
Und schneller noch als wie es blitzt
Kam da ein Prachtskerl angeflitzt;
Der war bekannt im ganzen Lande
Für seine Schokonußkrokante.
Sie kriegten honigsüße Kinder
Und liebten sich danach nicht minder.

Der Mann mit dem Regenschirm

Ich will Ihnen eine komische Sache erzählen, die meiner Mutter und mir gestern abend passiert ist. Ich bin zwölf Jahre alt, und ich bin ein Mädchen. Meine Mutter ist vierunddreißig, aber ich bin schon fast so groß wie sie.

Gestern nachmittag fuhr meine Mutter mit mir zum Zahnarzt nach London. Er fand ein Loch in einem Bakkenzahn, und er füllte es, ohne mir allzu weh zu tun. Danach gingen wir in ein Café. Ich aß ein Banana split, meine Mutter trank eine Tasse Kaffee. Als wir aufbrachen, war es fast sechs Uhr.

Als wir aus dem Café kamen, hatte es angefangen zu regnen. «Wir nehmen besser ein Taxi», sagte meine Mutter. Wir hatten beide keine Regenmäntel an, und es goß in Strömen.

«Warum gehen wir nicht wieder ins Café und warten, bis es aufhört?» fragte ich. Ich hätte gern noch ein Banana split verspeist. Es schmeckte wunderbar.

«Der Regen wird nicht so bald aufhören», sagte meine Mutter. «Wir müssen nach Hause.»

Wir standen auf dem Gehsteig im Regen und hielten Ausschau nach einem Taxi. Es kamen viele vorüber, aber sie waren alle besetzt. «Ich wünschte, wir hätten einen Wagen mit Chauffeur», sagte meine Mutter.

In diesem Augenblick kam ein Mann auf uns zu. Es war ein kleiner Mann, und er war ziemlich alt, vielleicht siebzig oder noch älter. Er lüftete höflich den Hut und sagte zu meiner Mutter: «Entschuldigen Sie. Ich hoffe, ich belästige Sie nicht ...» Er hatte einen schönen weißen Schnurrbart und buschige weiße Augenbrauen und ein rosiges Gesicht mit lauter lustigen kleinen Falten. Er stand geschützt unter einem Regenschirm, den er hoch über seinen Kopf hielt.

«Ja?» fragte meine Mutter kühl und distanziert.

«Würden Sie mir wohl einen Gefallen tun?» fragte er. «Wirklich nur eine Kleinigkeit.»

Ich sah, wie meine Mutter ihn mißtrauisch anblickte. Sie ist ein mißtrauischer Mensch, meine Mutter. Und besonders mißtrauisch ist sie, wenn es um fremde Männer und um gekochte Eier geht. Wenn sie ein Ei aufschlägt, stochert sie mit ihrem Löffel darin herum, als erwartete sie, eine Maus oder etwas ähnliches darin zu finden. Fremden Männern gegenüber hält sie sich an eine goldene Regel, die lautet: «Je netter der Mann, desto mißtrauischer mußt du sein.» Dieser kleine alte Mann war besonders nett. Er war höflich. Er drückte sich gewählt aus. Er war gut angezogen. Er war ein richtiger Gentleman. Seine Schuhe zeigten mir, daß er ein

Gentleman war. «Einen Gentleman erkennt man an seinen Schuhen», pflegte meine Mutter zu sagen. Dieser Mann trug wunderschöne braune Schuhe.

«Um die Wahrheit zu sagen», erklärte der kleine Mann, «ich bin in Verlegenheit geraten. Ich brauche Hilfe. Keine große Sache, versichere ich Ihnen. Tatsächlich kaum der Rede wert, aber ich bin darauf angewiesen. Sehen Sie, Madame, alte Leute wie ich sind oft schrecklich vergeßlich ...»

Meine Mutter hob das Kinn und sah an ihrer Nase entlang zu ihm herab. Sie waren zum Fürchten, diese frostigen Nasenblicke meiner Mutter. Die meisten Leute würden am liebsten im Boden versinken, wenn sie sie mit einem solchen Blick bedenkt. Ich habe einmal miterlebt, wie die Leiterin meiner Schule anfing zu stammeln und zu stottern wie ein zurückgebliebenes Kind, als meine Mutter sie mit so einem frostigen Nasenblick ansah. Aber der kleine Mann auf dem Gehsteig mit dem Regenschirm über dem Kopf zuckte nicht mit der Wimper. Er lächelte freundlich und sagte: «Glauben Sie mir bitte, Madame, es gehört nicht zu meinen Gewohnheiten, Damen auf der Straße anzusprechen und ihnen von meinen Problemen zu erzählen.»

«Das will ich hoffen», sagte meine Mutter.

Mutters Schärfe machte mich sehr verlegen. Ich hätte gern zu ihr gesagt: «Oh, Mummy, um Himmels willen! Er ist doch ein sehr, sehr alter Mann, und er ist nett und höflich, und er hat irgendwelche Schwierigkeiten – sei doch nicht so häßlich zu ihm!» Aber ich sagte nichts.

Der kleine Mann nahm den Regenschirm von der einen Hand in die andere. «Ich habe sie noch nie vergessen», sagte er.

«Was haben Sie noch nie vergessen?» fragte meine Mutter trocken.

«Meine Brieftasche», sagte er. «Ich muß sie in meiner anderen Jacke gelassen haben. Kann man sich so etwas Dummes vorstellen?»

«Heißt das, daß Sie mich um Geld angehen wollen?» fragte meine Mutter.

«Oh, um Himmels willen, nein!» rief er. «Nie im Leben würde ich so etwas tun!»

«Was wollen Sie dann?» fragte meine Mutter. «Sagen Sie es bitte schnell. Wenn wir noch länger hier stehen, werden wir naß bis auf die Haut.»

«Ich weiß», sagte er. «Und das ist auch der Grund, weshalb ich Ihnen meinen Regenschirm anbieten möchte. Er soll Sie schützen, und Sie können ihn behalten, wenn ... wenn Sie nur ...»

«Wenn ich nur *was*?» fragte meine Mutter.

«Wenn Sie mir mit zwei Pfund für ein Taxi aushelfen können, damit ich nach Hause fahren kann.»

Meine Mutter sah ihn immer noch mißtrauisch an. «Wenn Sie gar kein Geld bei sich haben, wie sind Sie dann überhaupt hierhergekommen?»

«Zu Fuß», antwortete er. «Ich mache jeden Tag einen schönen langen Spaziergang, und danach nehme ich mir ein Taxi und fahre nach Hause. Das tue ich Tag für Tag.»

«Und warum gehen Sie dann nicht zu Fuß nach Hause?» fragte meine Mutter.

«Oh, ich wünschte, ich könnte es», sagte er. «Ich wünschte es wirklich. Aber ich glaube nicht, daß ich es auf meinen albernen alten Beinen schaffen würde. Ich bin schon zu lange unterwegs.»

Meine Mutter stand da und nagte mit den Zähnen an ihrer Unterlippe. Allmählich schmolz das Eis bei ihr – ich sah es ihr an. Und der Gedanke, sich unter einen Regenschirm retten zu können, war bestimmt eine große Versuchung für sie.

«Es ist ein schöner Regenschirm», sagte der kleine Mann.

«Das habe ich bemerkt», sagte meine Mutter.

«Reine Seide», sagte er.

«Das sehe ich.»

«Warum nehmen Sie ihn dann nicht, Madame», sagte er. «Er hat über zwanzig Pfund gekostet, glauben Sie mir. Aber das spielt jetzt keine Rolle – wenn ich nur nach Hause komme und meine alten Beine ausruhen kann.»

Ich sah, wie Mutter nach dem Bügel ihrer Handtasche tastete. Sie bemerkte, daß ich sie beobachtete. Diesmal warf ich ihr einen frostigen Nasenblick zu, und sie wußte genau, was ich damit sagen wollte, nämlich: Jetzt hör aber zu, Mummy, du *darfst* einfach nicht einen müden alten Mann auf diese Weise übers Ohr hauen, das wäre gemein. Meine Mutter hielt inne und sah mich an. Dann sagte sie zu dem kleinen Mann: «Ich glaube, es wäre nicht recht von mir, einen seidenen Regenschirm von Ihnen anzunehmen, der so viel Geld gekostet hat. Ich meine, ich sollte Ihnen einfach so das Geld fürs Taxi geben und es dabei belassen.»

«Nein, nein, nein», rief er. «Das kommt gar nicht in Frage! Davon will ich nichts hören! Um nichts in der Welt! Ich würde nie so einfach Geld von Ihnen annehmen! Bitte, nehmen Sie den Schirm, Verehrteste, damit Sie Schutz vor dem Regen haben!»

Meine Mutter warf mir einen triumphierenden Seitenblick zu. Da siehst du es! sagte der Blick. Du bist im Irrtum. Er selber will, daß ich den Schirm nehme.

Sie kramte in ihrer Tasche herum und zog zwei Pfundnoten heraus. Sie hielt sie dem kleinen Mann hin. Er nahm sie und überreichte ihr den Regenschirm. Er steckte die Scheine in die Manteltasche, lüftete den Hut, machte eine kurze Verbeugung aus der Hüfte heraus und sagte: «Ich danke Ihnen, Verehrteste, ich danke Ihnen.» Dann war er auch schon fort.

«Komm mit unter den Schirm, damit du trocken bleibst, Schatz», sagte meine Mutter zu mir. «Was für ein Glück wir haben! Einen Regenschirm aus Seide habe ich noch nie gehabt. So einen hätte ich mir nicht leisten können.»

«Warum warst du zu Anfang so häßlich zu ihm?» fragte ich.

«Ich wollte sicher sein, daß wir nicht auf einen Trick

reinfallen», erwiderte sie. «Aber jetzt bin ich mir ganz sicher, daß er ein Gentleman ist. Ich freue mich, daß ich ihm helfen konnte.»

«Ja, Mummy», sagte ich.

«Ein *wirklicher* Gentleman», fuhr sie fort. «Und wohlhabend –, sonst hätte er keinen seidenen Regenschirm besessen. Ich wäre nicht überrascht, wenn er ein bekannter Mann wäre. Sir Harry Goldworthy, zum Beispiel.»

«Ja, Mummy.»

«Laß es dir eine Lehre sein», fuhr sie fort. «Nie die Dinge übereilen! Laß dir immer Zeit, wenn du ein Urteil über andere Menschen fällst. Dann kannst du nie einen Fehler machen.»

«Sieh mal», sagte ich. «Da geht er.»

«Wo?»

«Da drüben. Er geht gerade über die Straße. Mein Gott, Mummy, der scheint's aber eilig zu haben.»

Wir beobachteten, wie der kleine Mann sich geschickt durch den Verkehr schlängelte. Als er die andere Straßenseite erreicht hatte, wandte er sich nach links und ging eilends davon.

«Es sieht mir aber nicht so aus, als ob er sehr müde wäre! Was meinst du, Mummy?»

Meine Mutter antwortete nicht.

«Und es sieht mir auch nicht so aus, als ob er ein Taxi sucht», sagte ich.

Meine Mutter stand still und steif da und starrte hinüber zu dem kleinen Mann. Wir konnten ihn deutlich sehen. Er schien in schrecklicher Eile zu sein. Er hastete den Gehsteig entlang, wich anderen Passanten aus und schwang die Arme wie ein Soldat beim Marschieren.

«Der hat doch irgend etwas vor!» sagte meine Mutter mit steinernem Gesicht.

«Aber was?»

«Was weiß ich», sagte meine Mutter kurz angebunden. «Aber das werde ich schon herausfinden! Komm mal mit.» Sie nahm mich beim Arm, und wir gingen zusammen über die Straße. Dann wandten wir uns nach links.

«Kannst du ihn noch sehen?» fragte meine Mutter.

«Ja. Da vorn ist er. Jetzt biegt er rechts in die Straße ein.»

Wir kamen an die Ecke und bogen nach rechts ab. Der kleine Mann war etwa zwanzig Meter vor uns. Er lief die Straße entlang wie ein Kaninchen, und wir hatten Mühe, mit ihm Schritt zu halten. Der Regen prasselte jetzt noch stärker als zuvor, und ich sah, wie das Wasser von seiner Hutkrempe auf seine Schultern tropfte. Wir dagegen waren geborgen und trocken unter unserem schönen großen seidenen Regenschirm.

«Was hat er bloß vor?» sagte meine Mutter.

«Was ist, wenn er sich umdreht und uns sieht?» fragte ich.

«Das ist egal», sagte meine Mutter. «Er hat uns angelogen. Er hat behauptet, er sei zu müde und könne nicht mehr laufen, und jetzt rennt er praktisch mit uns um die Wette! Was für ein unverschämter Lügner! Er ist ein Gauner!»

«Du meinst, er ist doch kein wirklicher Gentleman?» fragte ich.

«Sei still!» sagte sie.

An der nächsten Straßenkreuzung wandte sich der Mann wiederum nach rechts.

Dann bog er links ein. Dann wieder rechts.

«Ich gebe nicht auf», sagte meine Mutter.

«Er ist verschwunden!» rief ich. «Wo ist er bloß hin?»

«Er ist in diese Tür da gegangen!» sagte meine Mutter. «Ich habe es genau gesehen! In das Haus dort! Mein Gott, das ist ja ein Pub!»

Es *war* ein Pub. In großen Buchstaben stand über dem Eingang DER ROTE LÖWE.

«Da gehst du doch nicht etwa rein, Mummy, oder?»

«Nein», sagte sie. «Wir werden ihn von draußen beobachten.»

Das Lokal hatte zur Straße hin ein großes, spiegelndes Fenster, und obwohl es drinnen ein bißchen rauchig war, konnten wir durch die Scheibe hindurch in den Raum hineinsehen, wenn wir das Gesicht daran preßten.

Wir standen dicht nebeneinander draußen vor der Scheibe. Ich umklammerte den Arm meiner Mutter. Dicke Regentropfen fielen laut prasselnd auf unseren Schirm. «Da ist er», sagte ich. «Da hinten!»

Der Raum, in den wir blickten, war voller Menschen und Zigarettenrauch, und mittendrin stand unser kleiner Mann. Er war jetzt ohne Hut und Mantel, und er bahnte sich seinen Weg zur umlagerten Theke. Als er sie erreicht hatte, legte er beide Hände auf die Theke und sagte etwas zu dem Mann dahinter. Ich sah, wie seine Lippen sich bewegten, als er seine Bestellung aufgab. Der Mann hinter der Theke drehte ihm für ein paar Sekunden den Rücken zu, und als er sich wieder umwandte, hielt er ein Glas in der Hand, das bis zum Rand mit einer hellbraunen Flüssigkeit gefüllt war. Der kleine Mann legte zwei Pfundnoten auf die Theke.

«Das ist mein Geld!» zischte meine Mutter. «Bei Gott, der Mann hat Nerven!»

«Was ist in dem Glas?» fragte ich.

«Whisky», sagte meine Mutter. «Purer Whisky.»

Der Mann hinter der Theke gab ihm kein Wechselgeld heraus.

«Es muß ein dreistöckiger sein», sagte meine Mutter.

«Wieso ein dreistöckiger?» fragte ich.

«Na eben dreimal so viel wie ein einfacher Whisky», antwortete sie.

Der kleine Mann nahm das Glas und hob es an seine Lippen. Er neigte es ein wenig. Und neigte es dann mehr ... und mehr ... und mehr ... Und bald war der ganze Whisky in seiner Kehle verschwunden – in einem einzigen langen Zug.

«Ganz schön teuer, so ein Schluck!» sagte ich.

«Kaum zu glauben!» sagte meine Mutter. «Wie verrückt, zwei Pfund so einfach auf einen einzigen Schluck zu verschwenden!»

«Der hat ihn sogar noch mehr gekostet als ein Pfund», sagte ich. «Er hat ihn zwanzig Pfund gekostet – seinen Regenschirm!»

«Richtig», sagte meine Mutter. «Der Mann muß verrückt sein.»

Der kleine Mann stand mit dem leeren Glas in der Hand an der Theke. Er lächelte jetzt, und über sein rundes rosiges Gesicht breitete sich ein goldener freudiger Glanz. Ich sah, wie er sich mit der Zunge über den weißen Schnurrbart fuhr, als suchte er nach dem letzten Tropfen des kostbaren Whiskys.

Langsam wandte er sich von der Theke ab und drängte sich zur Garderobe, wo sein Hut und sein Mantel hingen. Er setzte seinen Hut auf. Er zog seinen Mantel an. Dann, so herrlich gelassen und beiläufig, daß man es kaum bemerkte, nahm er aus dem Schirmständer einen der vielen nassen Regenschirme, die dort standen, und verließ das Lokal.

«Hast du das gesehen!» stieß meine Mutter hervor. «Hast du gesehen, was er gemacht hat!»

«Pst!» machte ich. «Er kommt raus!»

Wir senkten den Regenschirm, um unsere Gesichter dahinter zu verbergen und spähten unter dem Rand hervor.

Er kam heraus. Aber er blickte nicht in unsere Richtung. Er spannte den neuen Regenschirm über seinem Kopf auf und trippelte eilig die Straße entlang – denselben Weg, den er gerade gekommen war.

«Das ist also sein Trick!» sagte meine Mutter.

«Sauber!» sagte ich. «Super!»

Wir folgten ihm zurück zur Hauptstraße, wo er uns angesprochen hatte, und wir beobachteten, wie er sich ohne die geringste Schwierigkeit anschickte, den neuen Regenschirm gegen zwei neue Pfundnoten zu tauschen. Diesmal war das Opfer ein hochgewachsener dünner Bursche, der ohne Hut und ohne Mantel daherkam. Und sobald die Transaktion beendet war, trottete unser kleiner Mann die Straße entlang und verlor sich in der Menge. Aber diesmal war er in die entgegengesetzte Richtung gegangen.

«Da siehst du, wie gerissen er ist!» sagte meine Mutter. «Er geht nie zweimal in dieselbe Kneipe.»

«Das wird er wohl den ganzen Abend so weiter machen», sagte ich.

«Ja», sagte meine Mutter. «Wird er wohl. Aber ich möchte wetten, daß er jeden Abend den lieben Gott um Regen bittet.»

Schneewittchen und die sieben Jockeys

Als klein Schneewittchens Mutter starb
Da weinte erst ihr Vater arg.
Ein König ohne Königin –
Was hat so 'n Leben noch für Sinn?
Dann hörte man ihn leise fluchen:
«Jetzt muß ich nach 'ner Neuen suchen!»
Der König sucht 'ne Königin
Stand bald in allen Blättern drin,
Dann trafen tausend Briefe ein,
Denn jede wollte Braut da sein.
Der König lächelte verrucht.
Gern hätt er jede mal versucht.
Am Ende aber wählte er
'Ne Dame namens von der Kehr.
Und die besaß ein Wunderding,
An dem sie ganz besonders hing:
Ein Wunderspiegel, der, befragt,
Der Königin die Wahrheit sagt.
Was immer ihr an Fragen wichtig,
Die Antwort, die war immer richtig.

Zum Beispiel konnte sie ihn fragen,
Was denn zu Tisch wird aufgetragen.
Dann sprach das Spieglein an der Wand:
«Nun, heute gibt es Huhn in Schmand.»
Doch eine Frage fehlte nie,
Die sie ihm stets entgegenschrie:
«O Spieglein, Spieglein an der Wand,
Wer ist die Schönste hier im Land?»
Und stets gab er zur Antwort ihr:
«Madame, Sie sind die Schönste hier!
Ja, Sie sind super, kein Alarm,
Sie bleiben Trumpf mit Ihrem Charme!»
Zehn Jahre lief das reibungslos
Und ward halt bald Routine bloß,
Doch eines Tags (ihr war schon schlecht)
Spricht er – verdammt, hört sie denn recht?–
«Von jetzt an sind Sie Nummer zwei.
Schneewittchen ist der letzte Schrei.»
Die Königin, die brüllt wie wild:
«Da sorg ich für, daß man die killt!
Aus dieser anmaßenden Kuh
Macht man mir bald ein Wildragout.»
Den grünen Jäger ruft sie eilig
Und schreit: «Ist dir dein Leben heilig,
Dann mach dich an die Göre ran
Und leg sie um, mein lieber Mann.
Dann schneid sie auf von Brust zu Sterz
Und bring mir hierher schnell ihr Herz.»

Und so schleppt in den tiefen Wald
Der Jäger drauf das Mädchen bald.
Schneewittchen fürchtet sich und fleht:
«Gib mir 'ne Chance, wenn es geht.»
Das Messer blinkt, der Arm ist stark,
Und wieder weint sie: «Bin ohn' Arg!»
Des Jägers Herz hat fast 'ne Panne
Und schmilzt wie Butter in der Pfanne.
Er murmelt: «Also, hau schon ab!»
Das tat sie auch, und zwar im Trab.
Doch auch der Jäger eilig rannte
Zu einem Schlächter, den er kannte.
Dort kaufte er in kluger List
Ein Stierherz und ein Steak vom Rist,
Rief: «Majestät, o Königin,
Die kleine Schlampe, die ist hin!
Und hier auch, zum Beweise gleich,
Bring ich Euch das bestellte Fleisch.»
Die Königin: «Bravissimo!
Ich sehe, Ihr wart kalt und roh.»
Dann (das ist nun das schlimmste dran)
Fing sie sogleich zu essen an.
(Ich hoff, sie hat es gut gebraten,
Denn zähes Herz ist nicht geraten!)
Und während sie so saß und schlang,
Wo ging Schneewittchen da wohl lang?
Da ihr an Schönheit keine gleicht,
Tat sie beim Hitchhiken sich leicht.

Und in der Stadt, da fand sie bald
'Nen Job, wenn auch nur unbezahlt,
Als Köchin und als Magd für alles
Bei sieben Herrn, die arg im Dalles.
Und Ex-Jockey war da ein jeder,
Nicht größer als so einen Meter.
Sie lebten alle lieb und gütig
Doch war'n sie leider Rennplatz-wütig.
Ihr Geld blieb in den Wettbüros,
Beim Wetten wurden sie es los.
Wenn sie mal wieder ganz schief lagen,
Dann büßten sie's mit ihrem Magen.
Da sprach Schneewittchen: «Hört mal, he!
Ich habe da 'ne Pfundsidee!
Ihr laßt erst mal das Wetten sein,
Bis ich euch sage, jetzt steigt ein.»
Und gleich am nächsten Morgen schon
Fuhr sie per Hitchhike flott davon.
Und dann war's doch schon Abend fast,
Als sie durchs Tor schlich vom Palast.
Der König in der Münze zählte
Gerad sein Geld, weil welches fehlte.
Die Königin konnt man vergessen,
Die saß da grad beim Abendessen.
Die Dienerschaft, die Zofe schlief.
So sah sie niemand, wie sie lief,
Auf Zehenspitzen unerkannt,
Zu jenem Spiegel an der Wand.

Den hängt sie ab und schleppt ihn heim,
Den Seniorzwerg, den weiht sie ein:
«Nun also frage, faß ein Herz!»
Er spricht: «O Spiegel, keinen Scherz!
Wir sind schon pleite, wenn nicht pleiter.
Uns rettet nur ein Außenseiter.
O Spiegel, kannst du uns verraten,
Wie's morgen läuft in Baden-Baden?»
Da flüstert ihm der Spiegel zu:
«Beim Großen Preis siegt Winnetou.»
Die Zwerge, ganz berauscht vom Wissen,
Erstickten Schneewittchen in Küssen,
Dann strebten sie dem Leihhaus zu
Um Bargeld für den Winnetou,
Versetzten Uhren und den Wagen
Und borgten Geld, was soll man sagen.
Fürs meiste schuldeten sie Dank
Den Herren von der Deutschen Bank.
Nach Baden-Baden ging's – und klar,
Daß Winnetou Gewinner war.
So ging's denn weiter alle Tage
Und nur den Buchmachern zur Klage.
Und weiß es Gott, bei meiner Ehre,
Sie wurden alle Millionäre!
Und die Moral von der Geschicht:
Wer nicht gewinnt, der wette nicht!

Mister Botibol

Mister Botibol schob sich durch die Drehtür und betrat die weitläufige Halle des Hotels. Er nahm seinen Hut ab, hielt ihn mit beiden Händen vor dem Bauch und tat ein paar nervöse Schritte, ehe er stehenblieb und in die Gesichter der zu dieser Mittagszeit anwesenden Gäste blickte. Mehrere Leute wandten sich ihm zu und starrten ihn mit leichtem Erstaunen an. Und er hörte – oder glaubte zumindest zu hören –, wie eine Frauenstimme sagte: «Schatz, sieh mal, wer da gerade gekommen ist!»

Schließlich entdeckte er Mister Clements, der an einem kleinen Tisch ganz hinten in der Ecke saß, und er tippelte hastig auf ihn zu. Clements hatte ihn hereinkommen sehen, und während er beobachtete, wie Mister Botibol sich vorsichtig zwischen Tischen und Menschen hindurchschlängelte, auf Zehenspitzen und in demütiger Haltung, den Hut vor sich mit beiden Händen umklammernd, dachte er: Es muß doch verdammt unangenehm sein, so auffallend und so sonderbar auszusehen wie dieser Botibol. Er ähnelte in außergewöhnlichem

Maße einem Spargel. Seine hochaufgeschossene schmale Gestalt schien überhaupt keine Schultern zu haben, sondern lief, allmählich dünner werdend, nach oben zu, bis sie ganz oben in einem runden Punkt endete, dem kleinen kahlen Kopf. Er trug einen engen fadenscheinigen grünen doppelreihigen Anzug, der den Eindruck einer Pflanze noch auf geradezu lächerliche Weise unterstrich.

Clements stand auf. Die beiden Männer schüttelten sich die Hand, und da, ganz plötzlich, noch bevor sie sich hingesetzt hatten, sagte Mister Botibol: «Ich habe mich entschlossen. Ja, ich habe beschlossen, das Angebot, das Sie mir gestern Abend machten, bevor Sie mein Büro verließen, anzunehmen.»

Seit mehreren Tagen hatte Clements im Auftrag von Kunden über den Erwerb der Firma Botibol & Co., deren alleiniger Inhaber Mister Botibol war, verhandelt, und am Abend zuvor hatte Clements sein erstes Angebot gemacht. Es war nur ein Versuchsballon gewesen, ein viel zu niedriges Gebot, ein Signal für den Verkäufer, daß die Käufer ernstlich interessiert waren. Und tatsächlich, dachte Clements, der arme Narr hatte es weiß Gott akzeptiert. Er nickte mehrere Male ernst und bemühte sich, seine Überraschung zu verbergen. Dann sagte er: «Gut, gut. Ich bin sehr froh, das zu hören, Mister Botibol.» Dann winkte er einem Kellner und sagte: «Zwei große Martinis.»

«Oh, nein danke!» Mister Botibol hob beide Hände in entsetztem Protest.

«Na hören Sie», sagte Clements. «Das ist doch ein Anlaß!»

«Ich trinke sehr wenig, und nie, wirklich nie während des Tages.»

Aber Clements war nun einmal in fröhlicher Stimmung und nahm keine Notiz von Botibols Protest. Er bestellte die Martinis, und als sie kamen, fühlte sich Mister Botibol durch Clements Scherze und seine gute Laune gezwungen, auf den gerade beschlossenen Handel anzustoßen. Clements sprach kurz über das Aufsetzen und Unterzeichnen der Verträge, und als alles geregelt und geordnet war, bestellte er noch zwei weitere Martinis. Wieder protestierte Mister Botibol, wenn auch nicht mehr ganz so entschieden diesmal. Nachdem Clements bestellt hatte, wandte er sich seinem Gegenüber zu. Er lächelte Mister Botibol freundlich an. «Nun, Mister Botibol», sagte er, «jetzt, wo alles geregelt ist, schlage ich vor, daß wir miteinander speisen, ohne weiter von Geschäften zu reden. Was halten Sie davon? Sie sind natürlich mein Gast.»

«Wie Sie wünschen, ganz wie Sie wünschen», sagte Mister Botibol ohne jede Begeisterung. Er hatte eine dünne melancholische Stimme und betonte jedes Wort einzeln und zögernd, als hätte er einem Kind etwas zu erklären.

Sie gingen in den Speisesaal. Clements bestellte eine Flasche Lafite, Jahrgang 1912, und ein paar knusprig gebratene Rebhühner dazu. Er hatte sich im Kopf bereits die Höhe seiner Provision ausgerechnet und war bester Laune. Er plauderte fröhlich daher und wechselte geschmeidig die Themen, da er die Hoffnung nicht aufgab, irgendwann ein Thema zu berühren, das seinen Gast interessieren könnte. Aber es nützte nichts. Sein Gast schien nur halb zuzuhören, neigte nur ab und zu seinen schmalen kahlen Kopf ein wenig zur Seite und sagte: «Ja, wirklich.» Als der Wein serviert wurde, versuchte Clements es mit einem Gespräch über Weine.

«Ich bin überzeugt, daß er ganz ausgezeichnet ist», sagte Mister Botibol. «Aber, bitte, geben Sie mir nur einen Tropfen.»

Clements erzählte eine komische Geschichte. Als er sie beendet hatte, sah Mister Botibol ihn einen Augenblick mit feierlich-ernster Miene an und sagte: «Wie amüsant!» Danach sagte Clements nichts mehr, und sie aßen schweigend. Mister Botibol trank seinen Wein, und er schien nichts dagegen zu haben, als sein Gastgeber ihm das Glas wieder füllte. Als sie zu Ende gespeist hatten, schätzte Clements insgeheim, daß Botibol mindestens drei Viertel der Flasche getrunken hatte.

«Eine Zigarre, Mister Botibol?»

«Oh, nein danke.»

«Einen kleinen Brandy?»

«Nein, wirklich nicht, ich bin nicht daran gewöhnt.»

Clements bemerkte, daß die Wangen des Mannes leicht gerötet waren und daß seine Augen jetzt feucht schimmerten. Ich könnte den alten Knaben ebensogut gleich richtig betrunken machen, wo ich schon einmal dabei bin, dachte er. Und zu dem Kellner gewandt, sagte er: «Zwei Brandy.»

Als der Brandy kam, blickte Mister Botibol eine Zeitlang mißtrauisch auf sein großes Glas. Dann nahm er es in die Hand, trank einen vogelgleichen schnellen Schluck und stellte es wieder hin. «Mister Clements», sagte er höflich, «wenn Sie wüßten, wie ich Sie beneide.»

«Mich? Aber warum?»

«Ich werde es Ihnen sagen, Mister Clements, ich werde es Ihnen sagen, wenn ich so frei sein darf.» In seiner Stimme war etwas Nervöses, Piepsiges. Es klang, als ob er sich für alles, was er sagte, entschuldigte.

«Ich bitte darum», sagte Clements.

«Ich beneide Sie, weil es mir so scheint, als ob Sie überaus viel Erfolg im Leben hätten.»

Er wird also melancholisch, wenn er betrunken ist, dachte Clements. Er ist einer von denen, die melancholisch werden, und das kann ich absolut nicht ausstehen. «Erfolg», sagte er. «Ich kann mich nicht besonders erfolgreich finden.»

«O doch, bestimmt. Ihr ganzes Leben, wenn ich so sagen darf, scheint mir erfreulich und erfolgreich zu sein, Mister Clements.»

«Ich bin ein ganz gewöhnlicher Mensch», sagte Clements. Er versuchte herauszufinden, wie betrunken sein Gegenüber wirklich war.

«Ich glaube», sagte Mister Botibol, und er sprach langsam und trennte jedes Wort sorgfältig vom anderen, «ich glaube, daß der Wein mir ein bißchen zu Kopf gestiegen ist, aber ...» Er machte eine Pause und suchte nach Worten. «Aber ich würde Ihnen gern nur eine einzige Frage stellen.» Er hatte etwas Salz auf dem Tischtuch verschüttet und schob es mit der Spitze des Zeigefingers zu einem kleinen Berg zusammen.

«Mister Clements», sagte er, ohne aufzusehen, «glauben Sie, daß ein Mann zweiundfünfzig Jahre alt werden kann, ohne jemals auch nur einen einzigen kleinen Erfolg in irgend etwas, was er getan hat, erlebt zu haben?»

«Mein lieber Mister Botibol», sagte Clements lachend, «jeder hat von Zeit zu Zeit seine kleinen Erfolge, so unbedeutend sie auch sein mögen.»

«O nein», sagte Mister Botibol leise. «Sie irren sich. Ich, zum Beispiel, kann mich nicht erinnern, auch nur einen einzigen Erfolg, welcher Art auch immer, in meinem Leben gehabt zu haben.»

«Nun hören Sie aber mal!» sagte Clements lächelnd. «Das trifft doch nun wirklich nicht zu! Gerade heute morgen haben Sie Ihr Geschäft für hunderttausend verkauft. Das nenne ich einen Mordserfolg.»

«Das Geschäft hat mir mein Vater hinterlassen. Als er vor neun Jahren starb, war es viermal soviel wert. Unter meiner Leitung hat es drei Viertel seines Wertes eingebüßt. Das können Sie kaum einen Erfolg nennen.»

Clements wußte, daß es stimmte. «Ja, ja, schon richtig», sagte er. «Das mag so sein. Aber trotzdem wissen Sie genausogut wie ich, daß jeder Mensch seine kleinen Erfolge hat. Vielleicht keine großen. Aber viele kleine. Ich meine, schließlich ist, verdammt noch einmal, doch sogar ein Tor, das man irgendwann als Junge in der Schule geschossen hat, ein kleiner Erfolg gewesen, ein kleiner Triumph. Oder wenn man einen Wettlauf gewonnen oder auch nur mit Erfolg schwimmen gelernt hat. Man vergißt so etwas – daran liegt es. Man vergißt es einfach nur.»

«Ich habe nie ein Tor geschossen», sagte Mister Botibol. «Und ich habe auch nie schwimmen gelernt.»

Clements hob die Hände und gab einen verärgerten Laut von sich. «Ja, ja, ich weiß, aber sehen Sie nicht, sehen Sie wirklich nicht, daß es Tausende, buchstäblich Tausende von anderen Dingen gibt, Dinge, wie ... nun ... wie: einen schönen Fisch fangen, den Motor eines Autos wieder in Gang bringen, oder jemandem mit einem Geschenk eine besondere Freude machen, oder ein hübsches Beet mit grünen Bohnen züchten, oder eine kleine Wette gewinnen, oder ... oder ..., Du lieber Gott, man kann die Liste endlos ausdehnen!»

«Vielleicht können *Sie* das, Mister Clements, aber ich habe, nach meinem besten Wissen und Gewissen, nichts dergleichen je erlebt. Das ist es, was ich Ihnen zu sagen versuche.»

Clements stellte sein Brandyglas auf den Tisch und starrte mit einem ganz neuen Interesse auf die bemerkenswerte schulterlose Gestalt, die ihm gegenübersaß. Er war ärgerlich, und er empfand nicht die geringste Anteilnahme. Der Mann erweckte keine Sympathie. Er war ein Narr. Er mußte ein Narr sein. Ein gewaltiger, absoluter Narr.

Clements hatte plötzlich den Wunsch, den Mann in Verlegenheit zu bringen, so sehr er konnte. «Und was ist mit Frauen, Mister Botibol?» Nichts im Ton seiner Stimme bat um Nachsicht für die Frage.

«Frauen?»

«Ja, Frauen! Jeder Mann unter der Sonne, selbst der verkommenste, lausigste Landstreicher hat irgendwann einmal in dieser oder jener Weise einen lächerlichen kleinen Erfolg bei ...»

«Nie!» rief Mister Botibol mit plötzlicher Energie. «Nein, Sir, nie!»

Gleich schlage ich ihn zusammen, dachte Clements, ich halte das nicht länger aus. Und wenn ich mich nicht zusammennehme, werde ich gleich aufspringen und ihm eine reinhauen. «Sie meinen, Sie mögen keine Frauen?» fragte er.

«Oh, mein Gott, ja, natürlich mag ich Frauen. Ehrlich gesagt, ich bewundere sie, ich bewundere sie sehr. Aber ich fürchte ... Oh, mein Gott ... Ich weiß nicht recht, wie ich es ausdrücken soll ... Ich komme leider nicht gerade sehr gut mit ihnen zurecht. Nie ... nie. Sehen Sie, Mister Clements, ich sehe komisch aus, ich weiß es. Sie starren mich an, die Frauen, und oft sehe ich, wie sie über mich lachen. Es ist mir nie gelungen, mit ihnen in ... nun, in nähere Verbindung zu kommen, wenn ich so sagen soll.» Die Andeutung eines schwachen Lächelns, eines unendlich traurigen Lächelns, zuckte um seine Mundwinkel.

Clements hatte genug. Er murmelte etwas davon, daß Mister Botibol seine Lage sicherlich übertreibe, sah dann auf seine Armbanduhr, rief nach der Rechnung und sagte, es tue ihm leid, aber er müsse ins Büro zurück.

Sie trennten sich auf der Straße vor dem Hotel, und Mister Botibol nahm sich ein Taxi und fuhr nach Hause. Er öffnete die Tür, ging ins Wohnzimmer und stellte das Radio an. Dann setzte er sich in einen großen Ledersessel, lehnte sich zurück und schloß die Augen. Ihm war nicht gerade schwindlig, aber in seinen Ohren tönte ein Singen, und seine Gedanken kamen und gingen schneller als gewöhnlich. Dieser Makler hat mir zuviel Alkohol eingeflößt, sagte er sich. Ich werde eine Weile hier sitzen bleiben und der Musik zuhören, und dann werde ich wohl schlafen gehen. Danach werde ich mich besser fühlen.

Im Radio wurde eine Sinfonie gespielt. Mister Botibol hatte immer gern Sinfoniekonzerte gehört, und er wußte genug von Musik, um in dieser Sinfonie eine der Beethovenschen zu erkennen. Und während er sich im Stuhl zurücklehnte und der wunderbaren Musik lauschte, stieg ein Gedanke in ihm hoch und breitete sich langsam in seinem benebelten Kopf aus. Es war kein Traum, denn er schlief nicht. Es war ein klarer, bewußter Gedanke, und zwar der folgende: Ich bin der Komponist dieser Musik. Ich bin ein großer Komponist. Das ist meine neueste Sinfonie, und es ist das erste Mal, daß sie aufgeführt wird. Der große Saal ist voller Menschen – Kritikern, Musikern, Musikliebhabern aus dem ganzen Land –, und ich stehe vor dem Orchester und dirigiere es.

Mister Botibol sah alles deutlich vor sich. Er sah sich auf dem Podium stehen, im Frack mit weißer Schleife, und vor ihm saß das Orchester, die Geigen zu seiner Linken, die Bratschen vor ihm, die Celli zu seiner Rechten, und hinter ihnen die Bläser und Bässe und Trommeln und Zimbeln, und alle Musiker verfolgten jede Bewegung seines Taktstocks mit konzentrierter Aufmerksamkeit, ja, fast mit fanatischer Ehrerbietung. Hinter ihm, im Halbdunkel des gewaltigen Saals, lauschten Reihen über Reihen weißer, verzückter Gesichter, gebannt, wie sich die neue Sinfonie des größten Komponisten, den die Welt je gekannt hatte, majestätisch entfaltete. Einige der Zuhörer hatten die Hände zu Fäusten geballt und ihre Fingernägel in die Handflächen gegraben – die Musik war so schön, daß sie sie kaum ertragen konnten. Mister Botibol ließ sich dermaßen mitreißen von seiner erregenden Vision, daß er anfing, im Takt der Musik die Arme zu schwingen, wie ein Dirigent. Er fand ein solches Vergnügen daran, daß er beschloß, aufzustehen und sich vor das Radio zu stellen, um mehr Bewegungsfreiheit zu haben.

Dort stand er nun, mitten im Zimmer, groß, schmächtig, schulterlos, in seinem engen grünen, doppelreihigen Anzug, warf den schmalen kahlen Kopf von einer Seite auf die andere und wedelte mit den Armen in der Luft. Er kannte die Sinfonie gut genug, um die gelegentlichen Wechsel in Tempo und Klangfülle vorauszuempfinden, und wenn die Musik laut und schnell wurde, fuchtelte er so heftig in der Luft herum, daß er fast die Balance verlor. War die Musik sanft und verhalten, dann beugte er sich vor, um die Musiker mit leichten Bewegungen seiner ausgestreckten Hände zu beschwichtigen. Und die ganze Zeit spürte er die Gegenwart der riesigen Zuhörermenge hinter sich, die gespannt und regungslos lauschte. Als die Sinfonie schließlich zu ihrem bewegenden Ende hin anschwoll, verfiel Mister Botibol geradezu in Raserei, und sein Gesicht schien sich wie in schmerzlicher Pein zu verziehen, als er versuchte, für das mächtige Finale mehr und immer noch mehr Kraft aus dem Orchester herauszuholen.

Dann war es vorüber. Der Ansager sagte etwas, aber Mister Botibol drehte schnell das Radio aus und ließ sich schwer atmend in seinen Sessel fallen.

«Puh!» sagte er laut. «Du meine Güte, was ist bloß in mich gefahren?» Überall in seinem Gesicht und auf der Stirn standen kleine Schweißperlen, die ihm am Hals hinunter in den Kragen liefen. Er zog ein Taschentuch heraus und wischte sie weg. Er blieb eine Weile dort sitzen und rang nach Atem. Er fühlte sich erschöpft, aber unaussprechlich beschwingt.

«Nun, ich muß schon sagen ...», sagte er, immer noch keuchend mit lauter Stimme, «das hat Spaß gemacht. Ich weiß nicht, ob ich in meinem Leben schon einmal so viel Spaß gehabt habe. Meine Güte, das war ein Spaß, wahrhaftig!» Und sofort spielte er mit dem Gedanken, den Spaß zu wiederholen. Sollte er das? Sollte er sich wirklich hinreißen lassen, es wieder zu tun? Jetzt, rückblickend, fühlte er sich ein bißchen schuldig bei der ganzen Angelegenheit, und er fing sogar an, sich zu fragen, ob nicht geradezu etwas Unmoralisches daran gewesen sei. Sich derartig gehenzulassen! Sich einzubilden, er wäre ein Genie! Das war nicht recht. Er war überzeugt, daß andere Leute so etwas nicht taten. Wenn nun Mason hereingeplatzt wäre und ihn so gesehen hätte! Schrecklich! Nicht auszudenken!

Er griff nach der Zeitung und tat so, als läse er, aber bald ertappte er sich dabei, wie er verstohlen in den Rundfunkprogrammen nach den Abendsendungen suchte. Er legte den Finger unter eine Zeile, die ankündigte: «8 Uhr 30 Sinfoniekonzert. Brahms: Sinfonie Nr. 2.» Er starrte lange auf diese Zeile. Die Buchstaben in dem Wort «Brahms» fingen an zu verschwimmen und zu verblassen, bis sie gänzlich verschwunden waren und Buchstaben Platz machten, die das Wort «Botibol» formten. «Botibol: Sinfonie Nr. 2.» Es war ganz deutlich gedruckt. Er konnte es lesen, in diesem Augenblick. «Ja, ja», flüsterte er. «Erste Aufführung. Die Welt wartet darauf, sie zu hören. Die Leute fragen sich, ob sie wohl genauso groß ist wie sein früheres Werk – oder gar noch großartiger? Und der Komponist ist überredet worden, sie selbst zu dirigieren. Er ist ein scheuer Mensch, er lebt zurückgezogen und erscheint kaum je in der Öffentlichkeit. Aber anläßlich dieser Gelegenheit hat er sich überreden lassen ...»

Mister Botibol beugte sich in seinem Sessel vor und drückte auf den Klingelknopf neben dem Kamin. Mason, der Butler, alt, hager und ernst, der einzige andere Mensch im Haus, erschien in der Tür.

«Ah ... Mason, haben wir Wein im Haus?»

«Wein, Sir?»

«Ja, Wein.»

«Nein, Sir. Wir haben seit fünfzehn oder sechzehn Jahren keinen Wein mehr gehabt. Ihr Vater, Sir ...»

«Ich weiß, Mason, ich weiß. Aber besorgen Sie bitte welchen. Ich hätte zum Abendessen gern eine Flasche Wein.»

Der Butler war erschüttert. «Selbstverständlich, Sir. Und was für ein Wein soll es sein?»

«Ein guter Bordeaux, Mason. Der beste, den Sie bekommen können. Nehmen Sie eine ganze Kiste. Sagen Sie, wenn Sie anrufen, sie möchten sie uns sofort ins Haus schicken.»

Als er wieder allein war, erschrak er einen Moment darüber, wie leicht er diese Entscheidung getroffen hatte. Wein zum Abendessen! Einfach so! Nun, warum eigentlich nicht? Warum hatte er nicht schon eher daran gedacht? Er war sein eigener Herr. Und irgendwie war es wichtig für ihn, Wein zu haben. Er schien eine gute Wirkung auf ihn zu haben, eine sehr gute Wirkung sogar. Er wollte Wein haben, und er würde ihn haben. Und zum Teufel mit Mason.

Für den Rest des Nachmittags nahm er sich nichts weiter vor, und um halb acht verkündete Mason, es sei serviert. Die Flasche Wein stand auf dem Tisch, und er begann davon zu trinken. Er kümmerte sich den Teufel darum, wie Mason dastand und ihn beobachtete, als er sich das Glas wieder füllte. Er füllte es sich dreimal. Dann stand er vom Tisch auf, sagte, er wolle nicht gestört werden, und ging zurück ins Wohnzimmer. Er mußte eine Viertelstunde warten. Er konnte jetzt an nichts anderes denken als an das kommende Konzert. Er lehnte sich zurück in den Sessel und ließ seine Gedanken in freudiger Erregung dem Beginn des Konzerts entgegenwandern. Er war jetzt der große Komponist, der ungeduldig in der Garderobe der Konzerthalle wartete. In der Ferne hörte er das Murmeln der erwartungsvollen Menge, die im Saal ihre Plätze einnahm. Er wußte, was die Leute zueinander sagten. All das, was seit Monaten in den Zeitungen stand: Botibol ist ein Genie; größer, viel größer als Beethoven oder Bach oder Brahms oder

Mozart oder sonst irgendein Komponist. Jedes neue Werk von ihm ist noch großartiger als das letzte. Wie wird dieses heute sein? Wir können es kaum erwarten, es zu hören! O ja, er wußte schon, was sie sagten. Er stand auf und begann, im Zimmer auf und ab zu gehen. Jetzt war es fast soweit. Er nahm einen Bleistift vom Tisch, um ihn als Taktstock zu benutzen, und drehte das Radio an. Der Sprecher hatte gerade die Ansage beendet, und plötzlich setzte brausender Applaus ein, der anzeigte, daß der Dirigent das Podium betrat. Das vorangegangene Konzert am Nachmittag war eine Schallplattenaufnahme gewesen, dieses dagegen war eine richtige live-Übertragung. Mister Botibol drehte sich um, sah den Kamin an und verbeugte sich huldvoll aus der Hüfte heraus. Dann wandte er sich wieder dem Radio zu und hob den Taktstock. Das Klatschen erstarb. Es herrschte Stille. Einer der Zuhörer hustete. Mister Botibol wartete. Die Sinfonie begann.

Wieder sah er, als er anfing zu dirigieren, das ganze Orchester deutlich vor sich, auch die Gesichter der Musiker und sogar den Ausdruck in ihren Gesichtern. Drei der Geiger hatten graue Haare. Einer der Cellisten war außerordentlich dick, ein anderer trug eine schwere, braungeränderte Brille, und in der zweiten Reihe saß ein Hornist, dessen eine Gesichtshälfte ständig zuckte. Aber sie spielten alle hinreißend. Und so war auch die Musik. Während bestimmter ergreifender Passagen empfand Mister Botibol ein so mächtiges Jubelgefühl, daß er vor Freude aufschreien mußte, und einmal, im dritten Satz, lief ihm ein ekstatischer Schauer von der Magengrube aus über den Bauch – es fühlte sich an wie Nadelstiche. Aber das Überwältigendste war der donnernde Applaus und der Jubel am Schluß. Er drehte sich langsam zum Kamin um und verbeugte sich. Das Klatschen hielt an, und er verbeugte sich wieder und wieder, bis der Lärm schließlich verebbte und die Stimme des Sprechers ihn sehr plötzlich in sein Wohnzimmer zurückversetzte. Er machte das Radio aus und fiel in seinen Sessel, erschöpft, aber sehr glücklich.

Während er dort lag, vor Freude lächelnd, sich sein feuchtes Gesicht abwischend und noch nach Atem ringend, machte er schon Pläne für seinen nächsten Auftritt. Warum sollte er eigentlich die Sache nicht gleich richtig anpacken? Warum nicht eines der Zimmer in eine Art Konzertsaal verwandeln, mit einer Bühne und Stuhlreihen? Und sich einen Plattenspieler anschaffen, damit man zu jeder Zeit Konzerte geben könnte, ohne sich auf das Radioprogramm verlassen zu müssen? Ja, beim Himmel, das würde er tun!

Am nächsten Morgen besprach Mister Botibol mit einer Dekorationsfirma, daß das größte Zimmer des Hauses in einen kleinen Konzertsaal verwandelt werden sollte. An der einen Schmalseite sollte eine Bühne errichtet und der übrige Raum mit Reihen roter Plüschsessel gefüllt werden. «Ich möchte gern ein paar kleine Konzerte hier veranstalten», sagte er dem Mann von der Firma, und der Mann nickte und sagte, das sei eine hübsche Idee. Zur gleichen Zeit ließ er Mechaniker von einem Rundfunkladen kommen, die einen kostspieligen, selbsttätig wechselnden Plattenspieler mit zwei mächtigen Lautsprechern installierten, einen auf der Bühne, den anderen hinten im Zuschauerraum. Als das getan war, ging er los und kaufte sich Schallplatten mit allen neun Beethoven-Sinfonien. In einem Spezialgeschäft für Toneffekte bestellte er mehrere Platten mit begeistertem Applaus und sonstigen Beifallskundgebungen. Und schließlich kaufte er sich noch einen Taktstock, einen dünnen Elfenbeinstock, der in einem Etui auf blauer Seide lag.

Nach acht Tagen war der Raum fertig. Alles war perfekt: die roten Sessel, der Gang in der Mitte, und sogar ein kleines Podium auf der Bühne für den Dirigenten, das von einem Messinggeländer umgeben war. Mister Botibol beschloß, das erste Konzert noch am gleichen Abend nach dem Essen zu geben.

Um sieben Uhr ging er nach oben in sein Schlafzimmer und zog sich Frack und Frackhemd an. Er fühlte sich prächtig. Als er sich im Spiegel betrachtete, schien ihn der Anblick seiner eigenen grotesken schulterlosen Gestalt nicht im mindesten zu stören. Ein großer Komponist, dachte er lächelnd, kann aussehen, wie er will. Die Leute erwarten von ihm, daß er sonderbar aussieht. Trotzdem hätte er gewünscht, er hätte ein paar Haare auf dem Kopf, die er gern ziemlich lang getragen hätte.

Er ging hinunter zum Abendessen, aß schnell, trank eine halbe Flasche Wein und fühlte sich noch besser. «Machen Sie sich keine Sorgen um mich, Mason», sagte er. «Ich bin nicht verrückt. Ich amüsiere mich nur ein bißchen.»

«Gewiß, Sir.»

«Ich brauche Sie heute nicht mehr, Mason. Bitte, sorgen Sie dafür, daß ich nicht gestört werde.» Mister Botibol ging vom Eßzimmer in den Miniatur-Konzertsaal. Er nahm die Platten von Beethovens Erster Sinfonie heraus, aber bevor er sie auf den automatischen Plattenwechsler legte, nahm er noch zwei andere Platten hinzu, eine, die er zuerst spielen wollte, bevor die Musik begann, mit dem Etikett «Lang anhaltender begeisterter Applaus». Auf der anderen, die nach Ende der Sinfonie kommen sollte, stand «Frenetischer Beifall, Klatschen, Jubel, Da-capo-Rufe». Durch eine einfache mechanische Manipulation am Plattenwechsler hatten die Rundfunkmechaniker das Gerät so eingestellt, daß der Ton von der ersten und der letzten Platte – der Beifall – nur aus dem Lautsprecher hinten im Zuhörerraum kam. Der Ton aller anderen Platten – der Musik – kam aus dem Lautsprecher, der hinter den Stühlen des Orchesters verborgen war. Als er die Platten in der richtigen Reihenfolge geordnet hatte, legte er sie auf den Apparat, stellte ihn aber noch nicht an. Statt dessen machte er alle Lichter in dem Zimmer aus, bis auf ein kleines, das das Dirigentenpult erleuchtete, und setzte sich in einen Sessel oben auf der Bühne. Er schloß die Augen und ließ seine Gedanken in die gewohnten köstlichen Gefilde wandern: der große Komponist, nervös, ungeduldig darauf wartend, sein neuestes Meisterwerk zu präsentieren, das hereinströmende Publikum, das Gemurmel der aufgeregten Gespräche und so weiter. Nachdem er sich richtig in den Part hineingeträumt hatte, stand er auf, nahm seinen Taktstock und stellte den Plattenspieler an.

Brausender Beifall erfüllte den Raum. Mister Botibol ging über die Bühne, stieg auf das Pult, wandte sich dem Publikum zu und verbeugte sich. In der Dunkelheit konnte er gerade noch die schwachen Umrisse der Stuhlreihen zu beiden Seiten des Mittelgangs sehen, nicht aber die Gesichter der Menschen. Doch sie machten ja genug Lärm. Was für eine Ovation! Mister Botibol wandte sich dem Orchester zu. Der Beifall hinter ihm erstarb. Die nächste Schallplatte sank auf den Plattenteller. Die Sinfonie begann.

Diesmal war es noch aufregender. Während des Dirigierens spürte er immer wieder ein köstliches Prickeln in der Magengrube. Und einmal, als ihm plötzlich der Gedanke durch den Kopf ging, daß diese Musik über die ganze Welt ausgestrahlt wurde, lief ihm ein Schauer über den Rücken. Aber das Aufregendste von allem war wieder der Beifall am Schluß. Die Zuhörer jubelten und klatschten und trampelten mit den Füßen und riefen «Da capo! Da capo! Da capo!» Und er wandte sich dem verdunkelten Zuschauerraum zu und verbeugte sich ernst nach links und nach rechts. Dann ging er von der Bühne. Aber die Zuhörer riefen ihn zurück. Er verbeugte sich mehrmals und verließ wieder die Bühne, und wieder riefen die Zuhörer ihn zurück. Das Publikum raste. Die Leute wollten ihn einfach nicht gehen lassen. Es war phantastisch. Wieder eine ungeheure Ovation!

Später, als er sich in seinem Sessel im Wohnzimmer ausruhte, genoß er noch immer seinen Erfolg. Er schloß die Augen dabei, weil er nicht wollte, daß irgend etwas den Zauber bräche. Er hatte das Gefühl zu schweben. Es war wirklich ein höchst wunderbares, schwebendes Gefühl in ihm, und als er nach oben ging und sich auskleidete und schlafen legte, war es immer noch in ihm.

Am folgenden Abend dirigierte er Beethovens – oder besser Botibols – Zweite Sinfonie, und das Publikum raste genauso wie bei der Ersten Sinfonie. In den nächsten Tagen dirigierte er an jedem Abend eine Sinfonie, und nach neun Tagen hatte er sich durch alle neun Sinfonien Beethovens hindurchgearbeitet. Es wurde mit jedem Mal aufregender, denn vor dem Konzert pflegte das Publikum zu sagen: «Er kann sich nicht noch einmal übertreffen, nicht noch ein Meisterwerk schaffen. Das ist nicht menschenmöglich.» Aber er tat es. Sie waren alle gleichermaßen wunderbar, seine Sinfonien. Die letzte, die Neunte, war besonders schön, weil der Komponist seine Zuhörer hier durch die Hinzufügung eines meisterhaften Chorwerks überraschte und entzückte.

Er hatte, zusätzlich zum Orchester, einen gewaltigen Chor zu leiten, und Benjamino Gigli war von Italien über den Atlantik geflogen, um den Tenorpart zu singen. Ezio Pinza sang den Baß. Als die Sinfonie zu Ende war, schrie sich das Publikum heiser. Die ganze Musikwelt war auf den Beinen und jubelte, und überall hörte man sagen, daß man nie wissen könne, welche wunderbaren Dinge als nächstes von diesem erstaunlichen Menschen zu erwarten seien.

Das Komponieren, Aufführen und Dirigieren von neun großen Sinfonien in ebensoviel Tagen ist eine beachtliche Leistung für einen Menschen, und so war es nicht überraschend, daß der Erfolg Mister Botibol ein bißchen zu Kopf stieg. Er beschloß daher, daß er sein Publikum abermals überraschen wolle. Er würde eine Menge herrlicher Klaviermusik komponieren, und er selber würde sie vortragen. Also machte er sich früh am nächsten Morgen auf, um einen Bechstein oder einen Steinway zu kaufen. Er fühlte sich so frisch und munter, daß er den ganzen Weg zu Fuß ging, und im Gehen summte er lauter liebliche kleine neue Melodien für Klavier vor sich hin. Sein Kopf war voll davon, und auf einmal hatte er das Gefühl, als ob Tausende von kleinen Noten, weiße und schwarze, ihm wie ein Sturzbach in den Kopf strömten und daß sein Hirn, dieses unbegreifliche musikalische Hirn, sie so geschwind, wie sie kamen, in sich aufnahm und sie entwirrte und in eine bestimmte klare Ordnung brachte, so daß wunderbare

Melodien daraus entstanden. Nocturnes, Etüden, Walzer. Und bald, sagte er sich, bald würde er sie einer dankbaren, staunenden Welt schenken.

Als er die Piano-Handlung erreichte, stieß er die Tür auf und trat mit fast selbstbewußter Haltung ein. Er hatte sich verändert in den letzten Tagen. Etwas von seiner Nervosität war von ihm abgefallen, und es beschäftigte ihn nicht mehr so sehr, wie andere seine äußere Erscheinung beurteilten. «Ich möchte gern einen großen Konzertflügel erwerben», sagte er zu dem Verkäufer, «aber Sie müssen ihn so einrichten, daß er keinen Ton von sich gibt, wenn die Tasten angeschlagen werden.»

Der Verkäufer beugte sich etwas vor und zog die Augenbrauen hoch.

«Läßt sich das machen?» fragte Mister Botibol.

«Ja, Sir, ich denke schon, wenn Sie es wünschen. Aber darf ich fragen, was Sie mit dem Instrument zu tun gedenken?»

«Wenn Sie es unbedingt wissen wollen: Ich will so tun, als wäre ich Chopin. Ich werde am Flügel sitzen und spielen, während eine Schallplatte abläuft. Das macht mir einfach Spaß.» Genau das sagte er, und er wußte selber nicht, was ihn dazu gebracht hatte, es auszusprechen. Aber nun war es geschehen, und er hatte es gesagt, und dabei blieb es. In einer Weise fühlte er sich erleichtert, denn er hatte bewiesen, daß es ihm nichts ausmachte, Leuten zu sagen, was er tat.

Vielleicht würde der Mann antworten: Das ist ja eine sehr lustige Idee. Aber vielleicht auch nicht. Vielleicht würde er auch sagen: Sie gehören eingesperrt.

«So, nun wissen Sie es ja», sagte Mister Botibol.

Der Verkäufer lachte laut auf. «Haha! Hahaha! Das ist gut, Sir! Wirklich sehr gut. Geschieht mir recht, wenn ich so alberne Fragen stelle.» Er hörte plötzlich mitten im Lachen auf und sah Mister Botibol fest an. «Natürlich, Sir. Wahrscheinlich ist Ihnen bekannt, daß wir eine einfache tonlose Klaviatur für Übungszwecke am Lager halten.»

«Ich möchte aber einen großen Konzertflügel haben», sagte Mister Botibol.

Der Verkäufer sah ihn wieder an.

Mister Botibol wählte einen Konzertflügel aus und verließ das Geschäft so schnell wie möglich. Er ging schnurstracks zum Schallplattengeschäft und bat um die Alben mit sämtlichen Nocturnes, Etüden und Walzern von Chopin, gespielt von Arthur Rubinstein.

«Oh, da haben Sie aber etwas Schönes vor sich!»

Mister Botibol drehte sich um. Neben ihm am Verkaufstisch stand ein untersetztes, kurzbeiniges Mädchen mit einem Puddinggesicht.

«Ja», sagte er, «o ja, gewiß.» Eigentlich war er strikt dagegen, in der Öffentlichkeit mit weiblichen Wesen zu sprechen, aber das Mädchen hatte ihn überrumpelt.

«Ich liebe Chopin», sagte sie. Sie trug eine dünne braune Papiertüte mit Bindfadengriffen in der Hand, in der sich eine gerade gekaufte Platte befand. «Ich liebe ihn mehr als irgendeinen anderen Komponisten.»

Es war tröstlich, nachdem der Verkäufer so merkwürdig gelacht hatte, die Stimme dieses Mädchens zu hören. Mister Botibol hätte gern weiter mit ihr gesprochen, aber er wußte nicht, was er sagen sollte.

Das Mädchen sagte: «Am liebsten mag ich die Nocturnes, sie sind so beruhigend. Was sind denn Ihre Lieblingsstücke?»

Mister Botibol sagte: «Nun ...» Das Mädchen blickte zu ihm auf und lächelte freundlich, um ihm aus seiner Verlegenheit zu helfen. Und tatsächlich half ihm ihr Lächeln. Er hörte sich plötzlich sagen: «Nun, vielleicht wollen Sie ... Ich weiß nicht so recht ... Ich meine, ich frage mich ...» Sie mußte wieder lächeln. «Ich wollte sagen, ich würde mich freuen, wenn Sie mich einmal besuchen würden, um sich die Platten anzuhören.»

«Wie nett von Ihnen.» Sie hielt inne und dachte darüber nach, ob das in Ordnung sei. «Meinen Sie das wirklich?»

«Ja, ich würde mich freuen.»

Sie lebte lange genug in der Stadt, um zu wissen, daß ein alter Lüstling wohl kaum auf die Idee kam, mit einem Mädchen anzubändeln, das so unattraktiv war wie sie. Sie war nur zweimal in ihrem Leben auf der Straße angesprochen worden, und beide Male waren es Betrunkene gewesen. Aber der alte Herr hier war nicht betrunken. Er war nervös, und er sah etwas sonderbar aus, aber er war nicht betrunken. Es kam hinzu, daß *sie* ja das Gespräch begonnen hatte. «Das wäre schön», sagte sie. «Wirklich. Wann dürfte ich denn kommen?»

Du liebe Zeit, dachte Mister Botibol. Ach, du liebe Zeit, du liebe Zeit, du liebe Zeit!

«Ich könnte zum Beispiel morgen kommen», fuhr sie fort. «Da habe ich meinen freien Nachmittag.»

«Nun ja, sicher», antwortete er langsam. «Ja, natürlich. Ich werde Ihnen meine Karte geben. Hier ist sie.»

«A. W. Botibol», las sie laut. «Was für ein komischer Name. Ich heiße Darlington. Miss L. Darlington. Auf Wiedersehen, Mister Botibol.» Sie streckte ihm ihre Hand hin. «Ich freue mich darauf! Und um wieviel Uhr soll ich kommen?»

«Wann Sie wollen», sagte er. «Sie können jederzeit kommen!»

«Wäre Ihnen drei Uhr recht?»

«Ja, drei Uhr.»

«Wunderbar! Ich komme bestimmt.»

Er sah ihr nach, als sie aus dem Laden ging, eine untersetzte, plumpe kleine Person mit dicken Beinen, und er dachte: Was habe ich da bloß getan! Er war erstaunt über sich. Aber nicht unzufrieden. Dann fing er plötzlich an, sich besorgt zu fragen, ob er ihr seinen Konzertsaal zeigen sollte oder nicht. Und seine Unruhe wuchs, als er daran dachte, daß der Konzertsaal der einzige Ort im Hause war, wo ein Plattenspieler stand.

An diesem Abend gab er kein Konzert. Statt dessen saß er in seinem Sessel und grübelte über Miss Darlington nach. Was sollte er bloß tun, wenn sie kam?

Am nächsten Morgen wurde der Flügel gebracht, ein wunderschöner Bechstein in dunklem Mahagoni. Er wurde ohne die Beine hereingetragen und dann auf dem Podium des Konzertsaals montiert. Es war ein beeindruckendes Instrument, und als Mister Botibol den Deckel aufschlug und mit dem Zeigefinger eine Taste hinunterdrückte, war nicht der geringste Ton zu hören. Er hatte ursprünglich vorgehabt, die Welt sogleich mit einem Vortrag seiner ersten Kompositionen für Klavier – einer Reihe von Etüden – in Erstaunen zu setzen, aber das kam jetzt nicht in Frage. Er war viel zu beunruhigt wegen Miss Darlington und sah beklommen dem Nachmittag entgegen. Gegen Mittag hatte seine Unruhe noch zugenommen, und er konnte nichts essen. «Mason», sagte er, «ich ... ich erwarte eine junge Dame, die um drei Uhr kommen will.»

«Eine was, Sir?» fragte der Butler.

«Eine junge Dame, Mason.»

«Sehr wohl, Sir.»

«Führen Sie sie ins Wohnzimmer.»

«Sehr wohl, Sir.»

Genau um drei Uhr hörte er es klingeln. Wenige Augenblicke später trat Mason mit Miss Darlington ins Wohnzimmer. Sie kam lächelnd herein, und Mister Botibol stand auf und schüttelte ihr die Hand. «Oh», rief sie. «Was für ein schönes Haus! Ich wußte nicht, daß ich bei einem Millionär eingeladen bin!»

Sie ließ sich plump in einen breiten Sessel fallen, und Mister Botibol nahm ihr gegenüber Platz. Er wußte nichts zu sagen. Ihm war schrecklich zumute. Aber sie fing gleich an zu reden und schwatzte fröhlich und ohne Unterbrechung über dies und das daher. Vor allem über das Haus und die Einrichtung und die Teppiche, und wie nett es von ihm gewesen sei, sie einzuladen, denn es gebe sonst nicht viel Aufregendes in ihrem Leben, sie arbeite den ganzen Tag lang und teile mit zwei anderen Mädchen ein Zimmer in einer Pension, und er könne sich nicht vorstellen, wie sie es genieße, hier zu sein. Allmählich fühlte sich Mister Botibol ein wenig wohler. Er saß da und hörte dem Mädchen zu, das ihm zu gefallen begann, und nickte langsam mit seinem kahlen Kopf, und je mehr sie redete, desto besser gefiel sie ihm. Sie war fröhlich und schwatzte in einem fort, aber hinter all dem konnte man sehen – und jeder Narr konnte das sehen –, daß sie ein armes, einsames kleines Ding war. Auch Mister Botibol sah es. Er sah es sogar sehr deutlich. Und genau an diesem Punkt fing er an, mit einem waghalsigen, riskanten Gedanken zu spielen.

«Miss Darlington», sagte er. «Ich würde Ihnen gern etwas zeigen.» Er führte sie in den kleinen Konzertsaal. «Sehen Sie», sagte er.

Sie blieb in der Tür stehen. «Mein Gott! Nun sehe sich das einer an! Ein Theater! Ein richtiges kleines

Theater!» Dann sah sie den Flügel auf dem Podium und das Dirigentenpult mit dem Messinggeländer. «Das ist ja ein Konzertsaal!» rief sie. «Finden hier wirklich Konzerte statt? Oh, Mister Botibol, wie aufregend!»

«Gefällt es Ihnen?»

«O ja!»

«Kommen Sie wieder mit ins Wohnzimmer, ich werde Ihnen davon erzählen.» Ihre Begeisterung hatte ihm Vertrauen eingeflößt, und er wollte ihr alles erzählen. «Kommen Sie, ich werde Ihnen etwas Komisches erzählen.» Und als sie im Wohnzimmer wieder in ihren Sesseln saßen, fing er gleich an mit seiner Geschichte. Er erzählte ihr alles, von Anfang an, wie er sich eines Tages, als er eine Sinfonie hörte, vorgestellt habe, der Komponist zu sein, wie er aufgestanden sei und angefangen habe zu dirigieren, was für ein großes Vergnügen er dabei empfunden habe, wie er es wieder getan habe, mit dem gleichen Vergnügen, und wie er sich schließlich den Konzertsaal habe einrichten lassen, in dem er inzwischen schon neun Sinfonien dirigiert habe. Aber er flunkerte ein bißchen beim Erzählen. Er sagte, er habe es nur aus dem Grunde getan, um ein Maximum an Musikverständnis zu erreichen. Es gebe nur einen Weg, Musik wirklich zu hören, sagte er, nur einen einzigen Weg, jeden einzelnen Ton und jeden Akkord richtig zu hören: man mußte zwei Dinge zugleich tun, man mußte sich vorstellen, man habe die Musik komponiert, und man mußte sich zugleich vorstellen, das Publikum höre sie zum erstenmal. «Glauben Sie», sagte er, «glauben Sie etwa, daß ein einziger Zuhörer eine auch nur halb so große Erregung bei einer Sinfonie gespürt hat wie der Komponist selbst, als er das Werk zum erstenmal von einem vollen Orchester gespielt hörte?»

«Nein», antwortete sie schüchtern. «Natürlich nicht.»

«Dann werden Sie der Komponist! Stehlen Sie seine Musik! Nehmen Sie sie ihm weg und machen sie sich zu eigen!» Er lehnte sich in seinem Sessel zurück, und sie sah ihn zum erstenmal lächeln. Er hatte freilich nur über seine neue, verzwickte Erklärung für sein Dirigieren nachgedacht, die ihm so gut gefiel, daß er lächelte. «Nun, was halten Sie davon, Miss Darlington?»

«Ich muß sagen, es ist sehr, sehr interessant.» Sie war höflich und ein bißchen verwirrt, aber sie war jetzt in Gedanken weit von ihm entfernt.

«Wollen Sie es einmal versuchen?»

«O nein, bitte nicht.»

«Ich wünschte, Sie würden es tun.»

«Ich fürchte, ich wäre nicht in der Lage, das gleiche zu empfinden wie Sie, Mister Botibol. Ich glaube, meine Vorstellungskraft ist einfach nicht stark genug.»

Sie konnte an seinen Augen ablesen, daß er enttäuscht war. «Aber ich würde gern im Zuhörerraum sitzen und Ihnen zusehen, wenn Sie dirigieren», fügte sie hinzu.

Da sprang er aus dem Sessel hoch. «Ich hab's!» rief er. «Ein Klavierkonzert! Sie spielen Klavier, und ich dirigiere. Sie, die große Pianistin, die größte in der Welt. Und es ist die erste Aufführung meines Klavierkonzerts Nr. 1. Sie spielen, ich dirigiere. Die größte Pianistin und der größte Komponist treten zum erstenmal gemeinsam auf. Eine Sensation! Das Publikum wird rasen! Die Leute werden die ganze Nacht Schlange stehen, um einen Platz zu bekommen. Der Rundfunk wird das Konzert in die ganze Welt übertragen. Es wird, es wird ...» Mister Botibol verstummte. Er stand hinter seinem Sessel, die Hände auf der Lehne, und sah plötzlich verlegen und ein bißchen einfältig aus. «Es tut mir leid», sagte er. «Ich habe mich hinreißen lassen. Sie verstehen. Schon der Gedanke an eine neue Konzertaufführung wühlt mich auf.» Und dann, zaghaft: «Miss Darlington, würden Sie ein Klavierkonzert mit mir spielen?»

«Wie zwei Kinder», sagte sie lächelnd.

«Es weiß ja niemand. Niemand außer uns wird je etwas davon erfahren.»

«Gut», sagte sie schließlich. «Einverstanden. Ich komme mir zwar ein bißchen komisch dabei vor, aber trotzdem, es wird Spaß machen.»

«Gut!» rief Mister Botibol. «Wann? Heute abend?»

«Oh ... ich ...»

«Ja», sagte er schnell. «Bitte. Lassen Sie es uns heute abend machen. Kommen Sie wieder, und essen Sie mit mir zu Abend, und danach geben wir das Konzert.» Mister Botibol war jetzt wieder ganz aufgeregt. «Wir müssen noch ein Programm machen. Welches ist Ihr Lieblingsklavierkonzert, Miss Darlington?»

«Nun, ich würde sagen, das Fünfte Klavierkonzert von Beethoven.»

«Gut, das soll es sein. Sie werden es heute abend spielen. Kommen Sie um sieben Uhr zum Abendessen. Im Abendkleid. Sie müssen zu unserem Konzert im Abendkleid erscheinen.»

«Ich habe ein Ballkleid, aber ich habe es seit Jahren nicht mehr getragen.»

«Tragen Sie es heute abend.» Er machte eine Pause und sah sie einen Moment schweigend an. Dann sagte er sehr sanft: «Sie sind doch nicht beunruhigt, Miss Darlington, nicht wahr? Vielleicht wollen Sie es lieber doch nicht tun? Ich fürchte ... ja, ich fürchte beinahe, ich habe Sie da in meiner Begeisterung ein wenig in etwas hineingetrieben. Und ich weiß, wie albern Ihnen das alles vorkommen muß.»

Das ist schon besser, dachte sie. Viel besser. Jetzt weiß ich, daß er nicht ganz verrückt ist. «O nein», sagte sie. «Ich freue mich schon darauf. Sie haben mich nur ein bißchen erschreckt, weil Sie das alles so ernst nahmen.»

Als sie gegangen war, wartete er fünf Minuten und ging dann in die Stadt zum Schallplattenladen und kaufte das Klavierkonzert Nr. 5 von Beethoven, Dirigent: Toscanini, Pianist: Horowitz. Er kehrte sofort wieder nach Hause zurück, sagte seinem erstaunten Butler, daß sie einen Gast zum Abendessen hätten, und ging dann nach oben, um sich seinen Frack anzuziehen.

Sie kam um sieben. Sie trug ein langes ärmelloses Kleid aus schimmernder grüner Seide, und sie kam Mister Botibol nicht mehr ganz so plump und ganz so unscheinbar vor. Er führte sie gleich zu Tisch, und trotz der stillen Mißbilligung, mit der Mason um sie herumstrich, war es ein angenehmes Mahl. Sie protestierte fröhlich, als Mister Botibol ihr ein zweites Glas Wein einschenkte, aber sie verweigerte es nicht. Sie redete fast ohne Pause während der drei Gänge, und Mister Botibol hörte zu und nickte und füllte immer wieder ihr Glas, sobald es halb leer war.

Später, als sie im Wohnzimmer saßen, sagte Mister Botibol: «Und jetzt, Miss Darlington, werden wir anfangen, uns in unsere Rollen zu versetzen.» Der Wein stimmte ihn wie gewöhnlich heiter, und das Mädchen, das womöglich noch weniger an Wein gewöhnt war als er, war auch offensichtlich in Stimmung. «Sie, Miss Darlington, sind die große Pianistin. Wie ist Ihr Vorname, Miss Darlington?»

«Lucille», sagte sie.

«Die große Pianistin Lucille Darlington. Ich bin der Komponist Botibol. Wir müssen so sprechen und handeln und denken, als ob wir die große Pianistin und der große Komponist wären.»

«Und wie ist *Ihr* Vorname, Mister Botibol? Was bedeutet das A in Ihrem Namen?»

«Angel», antwortete er.

«Nein, nicht Angel.»

«Doch», sagte er irritiert.

«Angel Botibol», murmelte sie und fing an zu kichern. Aber sie nahm sich zusammen und sagte: «Ich glaube, das ist ein höchst ungewöhnlicher und vornehmer Name.»

«Sind Sie bereit, Miss Darlington?»

«Ja.»

Mister Botibol erhob sich und begann nervös im Zimmer auf und ab zu gehen. Er sah auf seine Armbanduhr. «Es ist gleich soweit», sagte er. «Man hat mir gesagt, der Saal sei überfüllt. Nicht ein einziger leerer Platz. Ich habe immer Lampenfieber vor einem Konzert. Geht es Ihnen auch so, Miss Darlington?»

«O ja, immer, vor jedem Konzert. Und besonders, wenn ich mit Ihnen spiele.»

«Ich glaube, es wird den Leuten sehr gefallen. Ich habe alles in dieses Konzert hineingelegt, Miss Darlington. Ich habe mich fast umgebracht, als ich es komponierte. Ich war danach wochenlang krank.»

«Sie Armer», sagte sie.

«Es ist Zeit», sagte er. «Das Orchester ist schon am Platz. Kommen Sie, Miss Darlington.» Er führte sie den Flur entlang und ließ sie draußen vor der Tür des Konzertsaals warten, während er hineinging, für die richtige Beleuchtung sorgte und den Plattenspieler einstellte. Er kam zurück und holte sie, und als sie die Bühne betraten, brach der Beifall los. Sie blieben beide stehen und verbeugten sich vor dem verdunkelten Auditorium, und der Beifall wollte nicht enden. Dann begab sich Mister Botibol an das Dirigentenpult, und Miss Darlington setzte sich an den Flügel. Der Beifall verebbte. Mister Botibol hob seinen Taktstock. Die nächste Platte sank auf den Teller, und das Klavierkonzert Nr. 5 begann.

Es war eine erstaunliche Situation. Der dünne, stangenlange Mister Botibol stand schulterlos in seinem Frack am Pult und fuchtelte mehr oder weniger im Takt mit der Musik mit den Armen, und die plumpe Miss Darlington in ihrem schimmernden grünen Seidenkleid saß an dem riesigen Konzertflügel und hämmerte mit beiden Händen und ganzer Kraft auf die stummen Tasten ein. Sie beachtete die Passagen, wo der Flügel schweigen mußte. Sie faltete dann jedesmal die Hände artig in ihrem Schoß und blickte mit träumerischem, verzaubertem Gesichtsausdruck starr vor sich hin. Mister Botibol, der sie beobachtete, fand, daß sie ganz besonders wunderbar in den langsamen Solopassagen des zweiten Satzes war. Sie ließ ihre Hände sanft und zärtlich über die Tasten gleiten und neigte den Kopf mal zur einen und mal zur anderen Seite, und einmal schloß sie sogar lange die Augen, während sie spielte. Während des erregenden letzten Satzes verlor Mister Botibol ein bißchen das Gleichgewicht und wäre um ein Haar vom Pult gefallen, wenn er sich nicht am Messinggeländer festgehalten hätte. Aber trotzdem wogte das Konzert majestätisch seinem mächtigen Finale zu. Dann brandete Beifall auf. Mister Botibol ging zu Miss Darlington, nahm sie bei der Hand und führte sie an den Rand des Podiums. Und dort standen sie beide nebeneinander und verbeugten sich und verbeugten sich wieder und immer wieder, während das Klatschen und die Da-capo-Rufe anhielten. Viermal verließen sie die Bühne, und viermal kamen sie zurück, und dann, beim fünftenmal, flüsterte Mister Botibol ihr zu: «*Sie* sind es, die sie sehen wollen. Gehen Sie diesmal allein.» – «Nein», sagte sie. «*Sie* sind es. *Sie*. Bitte.» Aber er schob sie vorwärts, und sie nahm den Beifall entgegen und kam zurück und sagte: «Und jetzt Sie. Sie wollen *Sie* sehen. Hören Sie nicht, wie sie nach Ihnen rufen?» Also ging Mister Botibol allein auf die Bühne, verbeugte sich mit ernstem Gesicht nach rechts, nach links und zur Mitte hin und kam zurück zu ihr, gerade als der Beifall verstummte.

Er führte sie wieder ins Wohnzimmer. Er atmete schnell, und Schweißperlen standen ihm auf der Stirn. Miss Darlington war ebenfalls etwas außer Atem, und ihre Wangen waren gerötet.

«Eine denkwürdige Aufführung, Miss Darlington. Erlauben Sie mir, Ihnen meine Glückwünsche auszusprechen.»

«Was für ein Konzert, Mister Botibol! Was für ein herrliches Konzert!»

«Sie haben vollendet gespielt, Miss Darlington. Sie

haben ein unvergleichliches Gefühl für Musik.» Er wischte sich mit dem Taschentuch den Schweiß von der Stirn. «Und morgen geben wir das Zweite Klavierkonzert.»

«Morgen?»

«Natürlich. Haben Sie es denn vergessen, Miss Darlington? Wir sind doch für eine ganze Woche zusammen engagiert worden.»

«Oh ... o ja ... Ich fürchte, das hatte ich vergessen.»

«Aber es ist doch in Ordnung, nicht wahr?» fragte er ängstlich. «Nachdem ich Sie heute abend spielen hörte, könnte ich es nicht ertragen, wenn meine Kompositionen von einem anderen Pianisten gespielt würden.»

«Es ist schon in Ordnung», sagte sie. «Ja, ich denke schon.» Sie warf einen Blick auf die Kaminuhr. «Mein Gott, es ist ja schon spät! Ich muß gehen! Sonst komme ich morgen früh nicht rechtzeitig zur Arbeit.»

«Zur Arbeit?» fragte Mister Botibol. «Wieso zur Arbeit?» Dann, langsam und zögernd, zwang er sich in die Wirklichkeit zurück. «Ach so, ja, zur Arbeit. Natürlich, Sie müssen ja arbeiten.»

«Ja, das muß ich.»

«Wo arbeiten Sie denn, Miss Darlington?»

«Ich? Ach ...» Und jetzt zögerte sie einen Augenblick und sah Mister Botibol verlegen an. «Ich bin in der alten Akademie tätig.»

«Ich hoffe, Sie haben eine angenehme Arbeit», sagte er. «Was für eine Akademie ist es?»

«Ich gebe Klavierunterricht.»

Mister Botibol sprang auf, als hätte ihn jemand von hinten mit einer Hutnadel gestochen. Er stand mit weit offenem Mund da.

«Alles in Ordnung», sagte sie lächelnd. «Ich habe mir schon immer gewünscht, Horowitz zu sein. Und könnte ich ... könnte ich, bitte, morgen vielleicht mal Schnabel sein?»

Rotkäppchen im Pelz

Als Hunger einst den Wolf sehr quälte,
Weil's an 'ner deft'gen Mahlzeit fehlte,
Lief er geschwind zu Omas Haus,
Klopft, und sie öffnet, und o Graus,
Sieht, wie er da die Zähne bleckt.
Du lieber Gott, ist die erschreckt.
Der Wolf, der fragt, «darf ich herein?»
«Du willst mich fressen!» tut sie schrein.
Die Worte waren kaum verklungen,
Da hat der Wolf sie schon verschlungen,
Denn sie war klein und mager auch.
Dem Wolf dem knurrt noch sehr der Bauch.
Ach, diese Mahlzeit war recht kläglich,
Mich hungert's ja noch ganz unsäglich.
Und in die Küche wütend rannt er,
Doch nicht einmal 'nen Knochen fand er.
Ich wart einfach aufs nächste Häppchen,
Denn aus dem Wald kommt bald Rotkäppchen.
So denkt er, schlüpft in Omas Kleider,
(Die waren ja nun übrig leider).

Er legte Jacke an und Haube
Und selbst die Schuhe, wie ich glaube.
Er kämmt sein Haar und brennt sich Locken,
Um dann in Omas Stuhl zu hocken.
Rotkäppchen kam dann schließlich an.
Sie stockte, staunte, sagte dann:
«O Oma, hast du große Ohren!»
Der Wolf: «So geht kein Wort verloren!»
«O Oma, hast du große Augen!»
«Damit sie dich zu sehen taugen!»
Der Wolf, der grinst dabei versteckt:
Wie die wohl nach der Omi schmeckt!
Verglichen mit der Omama
Schmeckt die bestimmt wie Kaviar!
Rotkäppchen sagte dann noch schnell:
«Hast du 'nen dicken Pelz von Fell!»
Da rief der Wolf: «Du dummes Ding!
Als ob mein Pelz dich was anging!
Die Zähne hast du ganz vergessen!
Na ja, ich werd dich dennoch fressen!»
Die Kleine lächelt wie ein Röschen,
Zieht 'ne Pistole aus dem Höschen
Und schießt den Wolf, der ihr da droht,
Peng, peng, ganz miesemausetot. –
Paar Wochen später dann im Wald,
Traf ich die, die ihn abgeknallt,
Doch hätt ich sie fast nicht erkannt.
Kein Käppchen und kein rot Gewand!

Sie rief: «Hallo, nun staun und sage
Was für 'nen schönen Pelz ich trage!»

Mein-ist-die-Rache-GmbH

Es schneite, als ich aufwachte.

Ich wußte, daß es schneite, denn es war eine strahlende Helle im Zimmer, und draußen war es ganz still. Von der Straße drang weder das Geräusch von Schritten herein, noch das Zischen von rollenden Autorädern, nur das Summen der Motoren konnte man hören. Ich hob den Kopf und sah George in seinem grünen Morgenmantel am Fenster stehen. Er beugte sich über den Ölofen und kochte Kaffee.

«Es schneit», sagte ich.

«Es ist kalt», sagte George, «richtig kalt.»

Ich stand auf und holte die Morgenzeitung herein. Es war tatsächlich kalt, und ich lief schnell zurück und sprang wieder ins Bett. Ich lag eine Weile still unter der Decke und legte meine Hände zwischen meine Oberschenkel, um sie zu wärmen.

«Keine Post?» fragte George.

«Nein, keine Post.»

«Sieht nicht so aus, als ob der alte Herr was rausrükken will.»

«Vielleicht denkt er, vierhundertfünfzig seien genug für einen Monat», sagte ich.

«Er ist nie in New York gewesen, er weiß nicht, was das Leben hier kostet.»

«Du hättest nicht alles in einer Woche ausgeben sollen.»

George richtete sich auf und sah mich an. «Du meinst, *wir* hätten es nicht ausgeben sollen.»

«Stimmt», sagte ich. «Wir.» Und ich machte mich daran, die Zeitung zu lesen.

Der Kaffee war jetzt fertig, und George brachte die Kanne herüber und stellte sie auf den Tisch zwischen den Betten. «Ein Mensch kann nicht ohne Geld leben», sagte er. «Der alte Herr sollte das wissen.» Er legte sich wieder in sein Bett, ohne den grünen Morgenmantel auszuziehen. Ich las weiter. Ich hatte die Pferdesportseite und die Fußballseite durch und las jetzt den Beitrag von Lionel Pantaloon, dem großen Gesellschaftskolumnisten. Ich las Pantaloons Beiträge immer – genau wie zwanzig, dreißig Millionen im Land. Es war eine Gewohnheit von mir, und mehr noch als das – Pantaloons Kolumnen waren ein Teil meines Morgens, genau wie die drei Tassen Kaffee und das Rasieren.

«Der Bursche hat vielleicht Nerven», sagte ich.

«Wer?»

«Dieser Lionel Pantaloon.»

«Was schreibt er denn heute?»

«Das gleiche wie immer. Wieder so ein Skandal. Immer über die Reichen. Hör mal zu: ‹ ... im Penguin Club gesehen ... Den Bankier William S. Womberg mit dem hübschen Starlet Theresa Williams ... drei Abende hintereinander ... Mrs. Womberg ist wegen ihrer Kopfschmerzen zu Hause geblieben ... So würde es jeder Frau ergehen, wenn ihr bestes Stück abends ausgeht und Miss Williams den Hof macht ...›»

«Das bringt Womberg ganz schön in die Klemme», sagte George.

«Eine Schande, finde ich. Solche Sachen», sagte ich, können zu einer Scheidung führen. Wie kommt dieser Pantaloon mit so etwas ungestraft davon?»

«Tut er immer. Sie haben alle Angst vor ihm. Aber wenn ich William S. Womberg wäre», sagte George, «weißt du, was ich dann täte? Ich würde spornstreichs zu diesem Pantaloon hingehen und ihm einen Kinnhaken verpassen. Das ist die einzige Möglichkeit, mit solchen Burschen fertig zu werden.»

«Mr. Womberg könnte das nicht.»

«Warum nicht?»

«Weil er ein alter Mann ist», sagte ich. «Mr. Womberg ist ein würdiger und respektabler alter Herr. Er ist ein sehr bekannter Bankier in der Stadt. Er könnte unmöglich ...»

Und da geschah es. Plötzlich, aus dem Nichts, kam mir die Idee. Sie kam mir mitten in dem Satz, den ich gerade zu George sagte, und ich fühlte förmlich, wie sie in mein Gehirn eindrang. Ich verhielt mich ganz ruhig und ließ sie kommen, und noch ehe ich richtig bemerkte, was geschehen war, hatte ich sie, hatte ich den ganzen Plan, den ganzen brillanten herrlichen Plan fix und fertig im Kopf. Und wußte sofort, daß es ein Knüller war.

Ich wandte den Kopf und sah, wie George mich mit fragendem Blick anstarrte. «Stimmt was nicht?» fragte er. «Was ist los?»

Ich blieb ganz ruhig. Ich streckte die Hand nach der Kaffeetasse aus und trank noch einen Schluck, bevor ich sprach.

«George», sagte ich, immer noch ganz ruhig, «ich habe eine Idee. Hör jetzt sehr genau zu, denn es ist eine Idee, die uns beide sehr reich machen wird. Wir sind doch pleite, oder nicht?»

«Sind wir.»

«Und dieser William S. Womberg», sagte ich, «würdest du denken, daß er heute morgen wütend ist auf Lionel Pantaloon?»

«Wütend!» rief George. «Was heißt wütend! Er wird toben!»

«Ganz meine Meinung. Und glaubst du, er würde es gern sehen, wenn irgend jemand Lionel Pantaloon einen kräftigen Kinnhaken versetzen würde?»

«Das würde er sicher verdammt gern sehen!»

«Und jetzt sage mir, ob Mr. Womberg nicht möglicherweise sehr wohl geneigt wäre, ein schönes Sümmchen loszumachen, wenn jemand das schlagkräftig und diskret für ihn besorgte?»

George wandte sich mir zu und sah mich an, und vorsichtig stellte er seine Kaffeetasse auf den Tisch. Langsam breitete sich ein Lächeln über sein Gesicht. «Ich verstehe», sagte er. «Ich habe begriffen.»

«Das ist noch nicht alles. Wenn du Pantaloons Kolumne liest, wirst du sehen, daß es heute noch eine weitere Person gibt, die Grund hat, sich beleidigt zu fühlen.» Ich nahm die Zeitung wieder in die Hand. «Eine Mrs. Ella Gimple, ein prominentes Mitglied der oberen Zehntausend. Sie dürfte etliche Millionen Dollar auf der Bank haben ...»

«Was sagt Pantaloon über sie?»

Ich sah wieder in die Zeitung. «Er deutet an», sagte ich, «wie sie einen Haufen Geld aus ihren Freunden herausgeholt hat, indem sie Roulette-Parties veranstaltete und dabei die Bank übernahm.»

«Das bringt Gimple in die Klemme», sagte George. «Und Womberg. Gimple und Womberg.» Er saß jetzt aufrecht im Bett und wartete darauf, daß ich fortfuhr.

«Jetzt haben wir also schon zwei verschiedene Leute», sagte ich, «die über Lionel Pantaloon und seine Frechheiten heute morgen entsetzt sein werden und vermutlich beide das heftige Verlangen haben, es ihm heimzuzahlen – und keiner von beiden traut sich. Du verstehst?»

«Vollkommen.»

«So viel also zu Lionel Pantaloon», sagte ich. «Und vergiß nicht, daß es noch andere wie ihn gibt. Es gibt

Dutzende von Schmierfinken, die ihre Zeit damit verbringen, wohlhabende und bekannte Leute zu beleidigen. Da ist Harry Weyman, Claude Taylor, Jacob Swinski, Walter Kennedy und wie sie alle heißen.»

«Stimmt», sagte George. «Stimmt vollkommen.»

«Ich sage dir eins: nichts macht die Reichen so wild, wie wenn sie in den Zeitungen verspottet und beleidigt werden.»

«Weiter», sagte George. «Sprich weiter.»

«In Ordnung. Und hier ist mein Plan.» Ich war jetzt in Fahrt. Ich stützte die eine Hand auf den Tisch zwischen unseren Betten und wedelte mit der anderen in der Luft herum, während ich sprach. «Wir werden auf der Stelle eine Gesellschaft gründen ... Und wir nennen sie ... Also, wie wollen wir sie nennen? Wir werden sie ... Moment ... Wir nennen sie: Mein-ist-die-Rache-GmbH. Wie findest du das?»

«Sonderbarer Name.»

«Ein biblischer Name. Ich finde ihn gut. Mir gefällt er. Mein-ist-die-Rache-GmbH. Klingt doch gut. Wir lassen uns Karten drucken, die wir dann an unsere eventuellen Kunden schicken. Zuerst erinnern wir sie daran, daß sie in aller Öffentlichkeit beleidigt und gedemütigt worden sind, und dann bieten wir ihnen an, gegen ein gewisses Honorar den Beleidiger zu bestrafen. Wir werden uns alle Zeitungen kaufen und alle Kolumnen lesen, und jeden Tag werden wir ein Dutzend von unseren Karten, oder noch mehr, an eventuelle Kunden schicken.»

«Großartig!» rief George. «Umwerfend!»

«Wir werden reich», sagte ich. «Wir werden im Handumdrehen stinkreich sein.»

«Wir fangen sofort an!»

Ich sprang aus dem Bett, holte einen Schreibblock und einen Bleistift und kroch wieder ins Bett. «Das erste», sagte ich, indem ich die Knie anzog und den Schreibblock darauf legte, «worüber wir uns jetzt klarwerden müssen, ist, was wir auf die Karten drucken wollen, die wir unseren Kunden schicken.» Und ich schrieb: MEIN-IST-DIE-RACHE-GMBH als Briefkopf oben über die Seite. Dann entwarf ich einen sorgfältig formulierten Brief, der die Funktionen der Gesellschaft erklärte. Ich beendete ihn mit dem folgenden Absatz: *«Deshalb erbietet sich die ‹Mein-ist-die-Rache-GmbH›, an Ihrer Stelle und absolut vertraulich, eine angemessene Bestrafung des Kolumnisten ... zu übernehmen und unterbreitet Ihnen höflichst eine Liste der zur Wahl stehenden Methoden (mit Preisliste) zu Ihrer Information.»*

«Was meinst du mit ‹zur Wahl stehenden Methoden›?» fragte George.

«Wir müssen ihnen die Wahl lassen. Wir müssen ihnen Vorschläge machen ...verschiedene Arten der Bestrafung. Nummer eins wird sein ...» Und ich schrieb hin: *«1. Ein kräftiger Kinnhaken.»* Dann wandte ich mich an George: «Was wollen wir dafür verlangen?»

«Fünfhundert Dollar», sagte George sofort.

Ich schrieb es dahinter. «Und was als nächstes?»

«Ein blaues Auge», sagte George.

Ich schrieb: *«2. Ein blaues Auge ... 500 Dollar.»*

«Nein!» sagte George. «Mit dem Preis bin ich nicht einverstanden. Es erfordert eindeutig mehr Geschick und genaue Berechnung, jemandem ein blaues Auge zu schlagen, als ihm einen Kinnhaken zu verpassen. Ein blaues Auge – das ist Präzisionsarbeit. Wir sollten sechshundert dafür verlangen.»

«Gut», sagte ich. «Sechshundert. Und als nächstes?»

«Beides zusammen natürlich. Das bewährte 1 *und* 2.» Jetzt war George in seinem Element. Das war genau seine Kragenweite.

«Beides zusammen?»

«Klar. Kinnhaken *und* blaues Auge. Elfhundert Dollar.»

«In diesem Fall sollten wir einen Nachlaß gewähren», sagte ich. «Nehmen wir also tausend.»

«Verdammt billig», sagte George. «Das wird ein Schlager!»

«Und was sonst noch?»

Wir waren beide still und dachten angestrengt nach. Drei tiefe parallele Furchen erschienen auf Georges ziemlich flacher, fliehender Stirn. Er kratzte sich heftig am Kopf, langsam und in Gedanken vertieft. Ich sah weg und versuchte, mich an all die schrecklichen Dinge zu erinnern, die Menschen einander angetan hatten. Endlich fand ich etwas, und während George beobachtete, wie die Spitze meines Bleistifts über das Papier glitt, schrieb ich: *«4. Eine Klapperschlange (der das Gift entnommen worden ist) zwischen die Pedale seines parkenden Autos legen.»*

«Heiliger Strohsack!» flüsterte George. «Er kriegt einen Herzschlag vor Angst!»

«Klar», sagte ich.

«Und wo willst du die Klapperschlange herkriegen?»

«Kaufen. Man kann sie doch überall kaufen. Und was wollen wir dafür fordern?»

«Fünfzehnhundert Dollar», sagte George bestimmt.

Ich schrieb es hin.

«Wir brauchen noch einen Vorschlag», sagte ich.

«Ich hab's», rief George. «Ihn mit dem Wagen kidnappen, ihm alle seine Kleider wegnehmen, bis auf Unterhose, Schuhe und Socken, und ihn dann im dicksten Verkehr in der Fifth Avenue aussetzen.» Er lächelte, ein breites triumphierendes Lächeln.

«Das können wir nicht machen.»

«Schreib es hin. Und setze als Preis dafür zweitausendfünfhundert Dollar ein. Du machst es bestimmt, wenn der alte Womberg dir so viel dafür bietet.»

«Ja», sagte ich. «Wahrscheinlich.» Und ich schrieb es hin. «Jetzt ist es genug», fügte ich hinzu. «Da haben sie eine schöne Auswahl.»

«Und wo wollen wir die Karten drucken lassen?» fragte George.

«Bei George Karnoffsky», sagte ich. «Dem anderen

George. Er ist ein Freund von mir. Er hat eine kleine Druckerei unten in der Third Avenue. Druckt Hochzeitseinladungen und solche Sachen, auch Prospekte für Kaufhäuser. Er wird es schon drucken. Ich weiß, er tut's.»

«Worauf warten wir dann?»

Wir sprangen beide aus dem Bett und zogen uns an. «Es ist zwölf Uhr», sagte ich. «Wenn wir uns beeilen, erwischen wir ihn noch, ehe er zum Mittagessen geht.»

Es schneite immer noch, als wir auf die Straße traten. Der Schnee lag zehn, fünfzehn Zentimeter hoch auf dem Bürgersteig. Aber wir schafften den Weg zu Karnoffsky in horrender Geschwindigkeit und kamen gerade in dem Moment dort an, als er sich den Mantel anzog, um zum Essen zu gehen.

«Claude!» rief er. «Hallo, mein Junge! Wie geht's denn so?» Und er schüttelte meine Hand. Er hatte ein freundliches dickes Gesicht und eine schreckliche Nase mit weit offenen Nüstern. Ich begrüßte ihn und erzählte ihm, daß wir gekommen seien, um eine dringende geschäftliche Angelegenheit mit ihm zu besprechen. Er zog seinen Mantel wieder aus und führte uns nach hinten in sein Büro. Dort erzählte ich ihm von unseren Plänen und sagte ihm, was wir von ihm wollten.

Als ich meine Geschichte zur Hälfte erzählt hatte, fing er an, dröhnend zu lachen, so daß es mir unmöglich war fortzufahren. Deshalb machte ich es kurz und händigte ihm das Blatt Papier aus, auf dem der Text stand, den er für uns drucken sollte. Als er es las, fing sein ganzer Körper an zu beben vor Lachen, und er schlug mit der Hand auf den Schreibtisch und hustete und erstickte fast und brüllte los, als wäre er verrückt geworden. Wir saßen da und beobachteten ihn. Für uns gab es nichts, worüber man hätte lachen können.

Endlich beruhigte er sich. Er nahm ein Taschentuch und wischte sich mit viel Getue die Augen. «Noch nie so gelacht», sagte er ermattet. «Ein Riesenspaß ist das, wahrhaftig. Das ist eine Einladung zum Essen wert. Kommt mit, ich spendiere euch was.»

«Hör zu», sagte ich ernst. «Es ist kein Spaß. Da gibt es nichts zu lachen. Du bist Zeuge der Entstehung einer neuen und mächtigen Organisation ...»

«Komm», sagte er und fing wieder an zu lachen. «Hör auf und laß uns essen gehen.»

«Bis wann kannst du die Karten gedruckt haben?» fragte ich. Meine Stimme klang ernst und geschäftlich.

Er hielt inne und sah uns an. «Du meinst ... meinst du wirklich ... du meinst die Sache wirklich ernst?»

«Durchaus! Du erlebst die Gründung ...»

«Gut», sagte er. «Gut.» Er stand auf. «Meiner Meinung nach seid ihr verrückt. Und ihr werdet dabei ganz schön in Schwierigkeiten geraten. So sicher wie sonstwas werdet ihr in Schwierigkeiten kommen. Solche Burschen lieben es, anderen Leuten eins auszuwischen, aber sie sind nicht scharf darauf, selbst drangenommen zu werden.»

«Bis wann kannst du die Karten drucken? Und ohne, daß einer von deinen Leuten sie liest.»

«Dafür», sagte er mit Würde, «lasse ich sogar mein Mittagessen sausen. Ich werde den Text selbst absetzen. Das ist das mindeste, was ich für euch tun kann.» Er lachte wieder, und die Ränder seiner gewaltigen Nüstern zuckten vor Vergnügen. «Wie viele wollt ihr denn haben?»

«Tausend – zu Anfang. Und Umschläge.»

«Kommt um zwei Uhr wieder», sagte er, und ich bedankte mich bei ihm. Noch als wir auf der Straße waren, hörten wir sein Gelächter von hinten im Laden durch den Flur rollen.

Punkt zwei Uhr kehrten wir zurück. George Karnoffsky war in seinem Büro, und das erste, was ich sah, als wir hereinkamen, war ein hoher Stapel bedruckter Karten vor ihm auf dem Schreibtisch. Es waren große Karten, ungefähr zweimal so groß wie gewöhnliche Hochzeits- oder Cocktail-Einladungen. «Da seid ihr ja», sagte er. «Alles fertig.» Der Narr lachte immer noch.

Er gab uns jedem eine Karte, und ich sah sie mir prüfend an. Es war eine schöne Karte. Er hatte sich offensichtlich große Mühe damit gegeben. Sie war aus starkem Karton, mit einem schmalen Goldrand ringsherum, und der Briefkopf war äußerst elegant. Ich kann sie hier nicht in all ihrer Schönheit vorführen, aber wenigstens den Text sollen Sie lesen können ...

MEIN-IST-DIE-RACHE-GMBH

Sehr geehrter ...
Sie haben wahrscheinlich in der heutigen Zeitung den verleumderischen und völlig aus der Luft gegriffenen Angriff auf Ihre Person seitens des Kolumnisten ... gesehen. Dieser Artikel ist voll von üblen Anspielungen und absichtlichen Verzerrungen der Wahrheit.

Wollen Sie dieser erbärmlichen Dreckschleuder wirklich gestatten, Sie in dieser Weise zu beleidigen, ohne etwas dagegen zu unternehmen?

Die ganze Welt weiß, daß es der Natur der amerikanischen Menschen fremd ist, sich beleidigen zu lassen – sei es in der Öffentlichkeit oder sei es im privaten Bereich –, ohne sich in gerechter Empörung dagegen zu erheben und eine angemessene Vergeltung zu verlangen, nein, sogar zu fordern.

Andererseits ist es nur natürlich, daß ein Bürger Ihres Standes und Ihres Rufes nicht wünscht, *persönlich* noch weiter in diese schmutzige, unbedeutende Angelegenheit hineingezogen zu werden oder gar irgendeinen *direkten* Kontakt mit dieser gemeinen Person aufzunehmen.

Wie also können Sie Satisfaktion erlangen?

Die Antwort ist einfach: Die MEIN-IST-DIE-RACHE-GMBH wird das Nötige für Sie tun. Wir bieten uns an, an Ihrer Stelle und absolut vertraulich eine angemessene Bestrafung des Kolumnisten ... zu übernehmen und unterbreiten Ihnen höflichst eine Liste der zur Wahl stehenden Methoden (mit Preisliste) zu Ihrer Information:

1. Ein kräftiger Kinnhaken . . . . 500 $
2. Ein blaues Auge . . . . 600 $
3. Kinnhaken *und* blaues Auge . . . . . . 1000 $
4. Klapperschlange (der das Gift entnommen worden ist) zwischen die Pedale seines parkenden Autos legen . . . . 1500 $
5. Kidnappen im Wagen, alle Kleider wegnehmen, bis auf Unterhose, Schuhe und Socken, und ihn dann im dicksten Verkehr in der Fifth Avenue aussetzen . . . . 2500 $

Diese Arbeit wird jeweils von Fachleuten ausgeführt.

Falls Sie den Wunsch haben sollten, von einem dieser Angebote Gebrauch zu machen, schreiben Sie bitte freundlicherweise an die nachstehend angegebene Adresse. Wenn möglich, werden Sie rechtzeitig davon in Kenntnis gesetzt, an welchem Ort und zu welcher Zeit die Aktion durchgeführt wird, so daß Sie – falls gewünscht – dem Vorgang in sicherer Entfernung beiwohnen können.

Die Bezahlung wird erst fällig, wenn Ihr Auftrag zu Ihrer Zufriedenheit ausgeführt worden ist und Ihnen die Rechnung hierüber zugegangen ist.

George Karnoffsky hatte gute Arbeit geleistet.

«Claude», sagte er, «gefällt's dir?»

«Es ist wunderbar.»

«Es war das Beste, was ich für dich tun konnte. Weißt du, mir war zumute wie im Krieg: da sah ich die Soldaten losziehen und wußte, vielleicht werden sie getötet, und hatte die ganze Zeit den Wunsch, ihnen noch etwas Schönes zu geben, etwas Gutes für sie zu tun.» Er fing wieder an zu lachen. Deshalb sagte ich: «Wir gehen jetzt lieber. Hast du auch große Umschläge für die Karten?»

«Alles da. Bezahlen kannst du, wenn das erste Geld reinkommt.» Das schien ihm den Rest zu geben, denn er fiel auf seinen Stuhl und kicherte wie ein Idiot. George und ich gingen eilig durch den Laden auf die Straße, hinaus in das kalte nachmittägliche Schneetreiben.

Den Weg zu unserem Zimmer legten wir fast im Laufschritt zurück. Beim Portier liehen wir uns das Telefonbuch von Manhattan aus. Ohne große Schwierigkeiten fanden wir «Womberg, William S.», und während ich die Adresse vorlas – irgendwo in der Gegend der Neunzigsten Straße –, schrieb George sie auf einen der Umschläge.

«Gimple, Mrs. Ella H.» stand ebenfalls im Telefonbuch, und wir adressierten einen Umschlag auch an sie. «Wir werden heute nur Womberg und Gimple anschreiben», sagte ich. «Wir haben ja noch gar nicht richtig angefangen. Morgen schicken wir ein Dutzend Karten raus.»

«Wir sollten die Karten besser zur nächsten Post bringen.»

«Nein, wir bringen sie selbst hin», sagte ich zu ihm. «Jetzt. Auf der Stelle. Je eher sie sie bekommen, um so besser. Morgen könnte es schon zu spät sein. Morgen sind sie womöglich nur noch halb so wütend wie heute. Es gibt Leute, bei denen die Wut sich über Nacht legt. Paß auf», sagte ich, «du gehst los und trägst die beiden Karten aus, und währenddessen gehe ich in die Stadt und höre mich ein bißchen um und versuche, etwas über die Lebensgewohnheiten von Lionel Pantaloon in Erfahrung zu bringen. Wir sehen uns dann später, heute abend ...»

Abends gegen neun Uhr kehrte ich nach Hause zurück und fand George auf dem Bett liegend vor, Zigaretten rauchend und Kaffee trinkend.

«Ich habe sie beide abgegeben», sagte er. «Ich habe sie einfach in den Briefschlitz gesteckt, geklingelt und bin abgehauen. Womberg hat ein großes Haus, ein großes weißes Haus. Wie bist du zurechtgekommen?»

«Ich habe mit einem Mann gesprochen, der in der Sportredaktion des *Daily Mirror* arbeitet. Er hat mir alles erzählt.»

«Was hat er dir erzählt?»

«Er sagt, Pantaloons Tage verlaufen mehr oder weniger im gleichen Trott. Er arbeitet nachts, aber ganz gleich, wann er loszieht – manchmal tut er es auch früh am Abend –, zum Schluß geht er *immer* – und das ist der springende Punkt – *immer* in den Penguin Club. Er geht dort gegen Mitternacht hin und bleibt bis zwei, halb drei. Dorthin bringen ihm seine Zuträger all den Informationskram.»

«Mehr brauchen wir nicht zu wissen», sagte George fröhlich.

«Es ist fast zu leicht.»

«Das Geld liegt auf der Straße.»

Wir hatten noch eine Flasche billigen Whisky im Schrank, und George holte sie hervor. Während der nächsten beiden Stunden saßen wir auf unseren Betten, tranken den Whisky und machten herrliche, komplizierte Pläne für den Aufbau unserer Organisation. Gegen elf waren wir bei einem Mitarbeiterstab von fünfzig Leuten angelangt, darunter zwölf berühmte Berufsboxer, und unsere Büroräume lagen nunmehr im Rockefeller Center. Gegen Mitternacht hatten wir bereits die Kontrolle über alle Kolumnisten erlangt, denen wir die täglichen Artikel von unserem Hauptquartier aus durchs Telefon diktierten – sorgfältig darauf achtend, daß jeweils mindestens zwanzig reiche Leute überall im Land beleidigt und in Rage gebracht wurden. Wir waren unglaublich reich. George fuhr einen britischen Bentley, ich besaß fünf Cadillacs. George übte Telefongespräche mit Lionel Pantaloon: «Sind Sie es, Pantaloon?» – «Ja, Sir.» – «Also hören Sie mal zu, ich finde, Ihr Artikel von heute ist der letzte Dreck. Einfach lausig.» – «Tut mir leid, Sir. Ich werde versuchen, morgen einen besseren zu schreiben.» – «Das werden Sie auch verdammt müssen, Pantaloon. Tatsache ist, daß wir schon daran gedacht haben, einen anderen mit dieser Aufgabe zu betrauen.» – «Aber bitte, Sir, bitte, geben Sie mir noch eine Chance.» – «Okay, Pantaloon, aber es ist Ihre letzte Chance. Übrigens werden die Jungens heute abend eine Klapperschlange in Ihren Wagen legen, im Auftrag von Mister Hiram C. King, dem Seifenkönig. Mr. King wird von der anderen Straßenseite aus zusehen, also vergessen Sie nicht, sich zu erschrekken, wenn Sie sie sehen.» – «Ja, Sir. Selbstverständlich, Sir. Ich werde daran denken, Sir ...»

Als wir schließlich zu Bett gingen und das Licht ausgemacht hatten, hörte ich George immer noch am Telefon mit Pantaloon herumschnauzen.

Am nächsten Morgen wurden wir beide durch die Kirchturmuhr an der Ecke geweckt: sie schlug neun. George stand auf und ging zur Tür, um die Zeitung zu holen, und als er zurückkam, hatte er einen Brief in der Hand.

«Mach ihn auf», sagte ich.

Er öffnete den Umschlag und entfaltete vorsichtig einen dünnen Briefbogen.

«Lies vor!» befahl ich.

Er begann vorzulesen, mit leiser, ernster Stimme zuerst, die aber nach und nach, als sich ihm die volle Bedeutung des Briefes erschloß, zu einem lauten, fast hysterischen Gebrüll des Triumphes anschwoll. Der Brief lautete:

«Ihre Methoden kommen mir zwar sehr ungewöhnlich vor, aber andererseits soll mir alles, was Sie diesem Halunken antun, recht sein. Also nur zu. Als erstes: Methode Nr. 1. Und wenn Sie damit Erfolg haben, werde ich Ihnen nur zu gern den Auftrag geben, sich durch die ganze Liste von oben bis unten durchzuarbeiten. Schicken Sie mir die Rechnung. William S. Womberg.»

Ich kann mich dunkel daran erinnern, daß wir in der Aufregung dieses Augenblicks in unseren Schlafanzügen durch das Zimmer tanzten und Mister Womberg mit lauter Stimme priesen und darüber jubelten, daß wir bald reich sein würden. George schlug Purzelbäume auf seinem Bett, und es ist möglich, daß ich es auch tat.

«Wann werden wir zur Tat schreiten?» fragte er. «Heute?»

Ich zögerte eine Weile, ehe ich antwortete. Ich ließ mich nicht gern drängen. Die Seiten der Geschichte sind voll von Namen großer Männer, die zu Schaden gekommen sind, weil sie sich in der Aufregung des Augenblicks zu übereilten Entscheidungen drängen ließen. Ich zog meinen Morgenrock über, zündete mir eine Zigarette an und begann im Zimmer auf und ab zu gehen.

«Es hat keine Eile», sagte ich. «Wombergs Auftrag kann erledigt werden, wenn es an der Zeit ist. Zuerst einmal müssen wir die heutigen Karten verschicken.»

Ich zog mich schnell an, ging zum Zeitungskiosk auf der anderen Straßenseite, kaufte von jeder Tageszeitung ein Exemplar und kehrte in unser Zimmer zurück. Die nächsten zwei Stunden verbrachten wir damit, die Klatschspalten zu lesen, und schließlich hatten wir eine Liste von elf Leuten – acht Männern und drei Frauen –, die alle an diesem Morgen auf die eine oder andere Weise von einem der Kolumnisten beleidigt worden waren. Die Dinge liefen gut. Die Arbeit ging uns leicht von der Hand. Es dauerte nur eine knappe halbe Stunde, die Adressen der Beleidigten herauszusuchen – zwei fanden wir nicht – und die Umschläge zu beschriften.

Am Nachmittag trugen wir die Briefe aus, und abends gegen sechs kamen wir in unser Zimmer zurück, müde, aber siegessicher. Wir kochten uns Kaffee und machten uns Hamburger und aßen im Bett zu Abend. Dann lasen wir uns gegenseitig Wombergs Brief vor, mit lauter Stimme, immer wieder.

«Weißt du, was dieser Mann tut?» sagte George. «Er gibt uns einen Auftrag über sechstausendeinhundert Dollar! Methode Nr. 1 bis 5 – alles.»

«Kein schlechter Anfang. Und nicht schlecht für den ersten Tag. Sechstausend Piepen für einen Tag Arbeit, das macht ... Laß mich mal rechnen ... Das macht fast zwei Millionen Dollar im Jahr, die Sonntage nicht gerechnet. Jeder eine Million. Das ist mehr, als Betty Grable verdient.»

«Wir sind reiche Leute», sagte George. Er lächelte, ein langsames, staunendes Lächeln reinster Zufriedenheit.

«In ein, zwei Tagen werden wir uns eine Zimmerflucht im St. Regis nehmen.»

«Ich bin fürs Waldorf», sagte George.

«Gut, im Waldorf. Und später sollten wir uns dann ein ganzes Haus nehmen.»

«Eins wie Wombergs?»

«Ja, eins wie Wombergs. Aber zuerst müssen wir etwas leisten», sagte ich. «Morgen werden wir die Sache mit Pantaloon erledigen. Wir werden ihn uns schnappen, wenn er aus dem Penguin Club kommt. Um halb drei Uhr nachts werden wir draußen auf ihn warten, und wenn er auf die Straße kommt, wirst du auf ihn zugehen und ihm einen kräftigen Kinnhaken verpassen, wie vertraglich vorgesehen.»

«Es wird mir ein Vergnügen sein», sagte George. «Ein wahres Vergnügen. Aber wie kommen wir da schnell wieder weg? Zu Fuß?»

«Wir mieten uns für eine Stunde einen Wagen. Dafür haben wir gerade noch genug Geld. Und ich bleibe im Wagen, mit laufendem Motor, keine zehn Meter von dir entfernt, und mit offener Tür. Und wenn du ihm deinen Kinnhaken versetzt hast, springst du einfach wieder in den Wagen, und weg sind wir.»

«Das ist Klasse. Ich werde hart zuschlagen.» George schwieg einen Moment. Er ballte seine rechte Hand zur Faust und betrachtete prüfend seine Knöchel. Dann fing er wieder an zu lächeln und sagte bedächtig: «Ich kann ihm ja auch die Nase so platt schlagen, daß er keine Lust mehr hat, sie in anderer Leute Angelegenheiten hineinzustecken.»

«Durchaus denkbar», antwortete ich, und mit diesem glücklichen Gedanken im Kopf machten wir das Licht aus und schliefen früh ein.

Am nächsten Morgen wachte ich durch einen Freudenschrei auf. Ich fuhr hoch und sah George im Schlafanzug am Fußende meines Bettes stehen und mit den Armen herumfuchteln. «Sieh dir das an!» rief er. «Heute sind es vier! Vier Briefe!» Ich sah hin, und tatsächlich hielt er vier Briefe in der Hand.

«Mach sie auf. Schnell, mach sie auf!»

Er las den ersten vor: «Sehr geehrte ‹Mein-ist-die-Rache-GmbH›, das ist das beste Angebot, das mir seit Jahren gemacht worden ist. Lassen Sie bitte unverzüglich Mr. Jacob Swinski die Klapperschlangenbehandlung angedeihen (Methode Nr. 4). Aber ich würde gern das Doppelte zahlen, wenn Sie vergessen würden, der Schlange vorher das Gift zu entziehen. Ihre Gertrude Porter-Vandervelt.

PS: Sie sollten die Schlange lieber vorher versichern. Der Biß dieses Burschen ist giftiger als der jeder Schlange.»

George las den zweiten Brief vor: «Der Scheck über fünfhundert Dollar ist ausgeschrieben und liegt vor mir auf dem Schreibtisch. In dem Augenblick, in dem ich den Beweis dafür habe, daß Sie Lionel Pantaloon einen kräftigen Kinnhaken verpaßt haben, wird er an Sie abgehen. Ich hätte nichts dagegen, wenn Sie ihm dabei den Kiefer zertrümmern würden. Ihr Wilbur H. Gollogly.»

George las den dritten Brief vor: «In meiner gegenwärtigen Verfassung und entgegen jeder besseren Einsicht bin ich versucht, Sie in Beantwortung Ihres Briefes zu bitten, diesen Halunken Walter Kennedy nur mit seiner Unterwäsche bekleidet auf der Fifth Avenue auszusetzen. Ich setze dabei voraus, daß der Boden zu der Zeit mit Schnee bedeckt ist und daß die Temperatur unter null Grad beträgt. H. Gresham.»

Auch den vierten Brief las George vor: «Ein schöner harter Schwinger für Pantaloon ist mir und jedem anderen fünfhundert Dollar wert. Ich würde gern zusehen. Mit freundlichen Grüßen, Claudia Calthorpe Hines.»

George legte die Briefe behutsam und sanft auf das Bett. Eine Weile herrschte Stille. Wir starrten einander an, zu erstaunt, zu glücklich, um Worte zu finden. Ich fing an, den Wert dieser Aufträge in Zahlen umzusetzen.

«Das sind insgesamt fünftausend Dollar», sagte ich leise.

Auf Georges Gesicht lag ein breites Grinsen.

«Claude», sagte er, «sollten wir nicht gleich ins Waldorf ziehen?»

«Bald», antwortete ich. «Im Moment haben wir dazu keine Zeit. Wir haben nicht einmal Zeit, heute neue Briefe zu verschicken. Wir müssen anfangen, die Aufträge auszuführen, die wir bekommen haben. Wir sind mit Arbeit überlastet.»

«Sollten wir nicht jemanden engagieren und unsere Organisation vergrößern?»

«Später», sagte ich. «Selbst dazu ist heute keine Zeit. Denk doch daran, was wir zu tun haben. Wir müssen eine Klapperschlange in Jacob Swinskis Wagen legen ... Wir müssen Walter Kennedy auf der Fifth Avenue in Unterhosen aussetzen ... Wir müssen Lionel Pantaloon einen Schwinger verpassen ... Moment ... ja, drei Auftraggeber wünschen, daß wir Pantaloon in die Mangel nehmen ...»

Ich hielt inne. Ich schloß die Augen und saß ganz still da. Wieder merkte ich, wie eine Eingebung mir ins Hirn schoß. «Ich hab's!» rief ich. «Ich hab's! Ich hab's! Drei Fliegen mit einem Schlag! Drei Kunden mit einem Hieb!»

«Wieso?»

«Begreifst du denn nicht? Wir brauchen Pantaloon nur einen Kinnhaken zu verpassen, und jeder der drei Kunden – Womberg, Gollogly und Claudia Hines – wird denken, es sei der Schlag, den er in Auftrag gegeben hat.»

«Sag das noch mal.»

Ich sagte es noch einmal.

«Genial!»

«Nur gesunder Menschenverstand. Und das gleiche Prinzip werden wir bei den anderen anwenden. Die Klapperschlangenbehandlung und die anderen Dinge können warten, bis wir mehr Aufträge beisammen haben. Vielleicht haben wir in ein paar Tagen zehn Aufträge, Swinski eine Klapperschlange in den Wagen zu legen. Dann erledigen wir das mit einem Schlag.»

«Wunderbar.»

«Heute abend nehmen wir uns erst einmal Pantaloon vor», sagte ich. «Aber zuerst müssen wir einen Wagen mieten, und dann müssen wir Telegramme verschicken, eins an Womberg, eins an Gollogly und eins an Claudia Hines, damit sie wissen, wo und wann die Strafexpedition stattfindet.»

Wir zogen uns schnell an und gingen los.

In einer schmutzigen kleinen Garage unten in der Neunten Straße mieteten wir für acht Dollar einen Wagen für den Abend – einen Chevrolet Baujahr 1934. Wir gaben drei gleichlautende Telegramme auf, geschickt formuliert, damit vor neugierigen Lesern ihre wahre Bedeutung verschleiert blieb: «Hoffen, Sie um halb drei Uhr nachts vor dem Penguin Club zu sehen. Bestens, M. i. d. R.-GmbH.»

«Da ist noch etwas», sagte ich. «Du mußt dich irgendwie maskieren. Pantaloon, oder auch der Nachtportier, zum Beispiel, dürfen dich hinterher nicht identifizieren können. Du wirst einen falschen Schnurrbart tragen müssen.»

«Und was ist mit dir?»

«Ich hab's nicht nötig. Ich sitze im Wagen. Sie werden mich nicht sehen.»

Wir gingen zu einem Spielzeugladen und kauften für George einen herrlichen schwarzen Schnurrbart, einen mit langen gezwirbelten Enden, schimmernd und majestätisch, und als er ihn sich vors Gesicht hielt, sah er aus wie der Kaiser Wilhelm II. Der Verkäufer gab uns noch eine Tube Mastix und zeigte uns, wie man den Schnurrbart an der Oberlippe befestigte. «Soll ein Spaß sein für die Kinder, nicht wahr?» fragte er. Und George sagte: «Genau.»

Nun war alles vorbereitet, aber es blieb uns noch viel Zeit. Wir hatten noch drei Dollar übrig. Wir kauften uns jeder ein Sandwich, und dann gingen wir ins Kino. Um elf Uhr holten wir unseren Wagen ab und kreuzten mit ihm langsam durch die Straßen New Yorks, um uns die Zeit zu vertreiben.

«Du klebst dir besser schon deinen Schnurrbart an, damit du dich an ihn gewöhnst.»

Wir hielten unter einer Laterne an, ich strich etwas Mastix auf Georges Oberlippe und klebte ihm das gewaltige, schwarze, haarige Ding mit den gezwirbelten Enden an. Dann fuhren wir weiter. Es war kalt in dem Wagen, und draußen fing es wieder an zu schneien. Ich sah ein paar kleine Schneeflocken durch den Kegel des Scheinwerferlichts fallen. George sagte dauernd: «Wie hart soll ich zuschlagen?» Und ich antwortete jedesmal: «Schlag so hart zu, wie du kannst – aber genau. So wie es im Vertrag steht. Es muß alles seine Ordnung haben. Unsere Kunden könnten zusehen.»

Um zwei Uhr morgens fuhren wir langsam am Eingang des Penguin Clubs vorbei, um das Terrain zu erkunden. «Dort werde ich parken», sagte ich, «gleich hinter dem Eingang, an der dunklen Ecke dort. Aber ich werde die Tür für dich offen lassen.»

Wir fuhren weiter. George sagte: «Wie sieht er eigentlich aus? Woher weiß ich, daß er es ist?»

«Keine Sorge», antwortete ich. «Das habe ich bedacht.» Und ich zog ein Stück Papier aus der Tasche und gab es ihm. «Nimm das und falte es möglichst klein zusammen. Gib es dem Portier und sag ihm, er soll dafür sorgen, daß es Mr. Pantaloon so schnell wie möglich ausgehändigt wird. Tu so, als seist du in Todesangst und fühltest dich gejagt. Ich wette hundert zu eins, daß Pantaloon dann herauskommt. Kein Zeitungsschreiber könnte dieser Botschaft widerstehen.»

Ich hatte auf das Papier geschrieben: «Ich arbeite im sowjetischen Konsulat. Kommen Sie, bitte, schnell an die Tür. Ich habe Ihnen etwas zu sagen. Kommen Sie, bitte, schnell, denn ich bin in Gefahr. Ich kann nicht zu Ihnen hereinkommen.»

«Siehst du», sagte ich, «mit deinem Schnurrbart

siehst du aus wie ein Russe. Alle Russen tragen dicke Schnurrbärte.»

George nahm das Blatt Papier, faltete es zusammen und behielt es in der Hand. Es war jetzt fast halb drei Uhr morgens, und wir fuhren auf den Penguin Club zu.

«Alles in Ordnung?» fragte ich.

«Ja.»

«Jetzt wird's ernst! Da sind wir. Ich parke gleich hinter dem Eingang ... hier. Schlag hart zu», sagte ich, und George machte die Tür auf und stieg aus. Ich zog die Tür hinter ihm zu, beugte mich aber über den Beifahrersitz und behielt die Hand am Griff, um sie schnell wieder öffnen zu können. Und ich kurbelte das Fenster herunter, damit ich alles beobachten konnte. Der Motor lief weiter.

Ich sah George auf den Portier unter der rot-weiß gestreiften Markise zugehen.

Ich sah, wie der Portier sich umdrehte und auf George herabsah, und ich mochte die Art, wie er das tat, gar nicht. Es war ein großer, hochmütiger Mann, und er trug eine ziegelrote Uniform mit goldenen Knöpfen, goldenen Epauletten auf den Schultern und breiten weißen Streifen an den Hosenbeinen. Er trug auch weiße Handschuhe. Und er stand dort und sah hochmütig auf George herab, und dann runzelte er die Stirn und preßte die Lippen zusammen. Er betrachtete prüfend Georges Schnurrbart, und ich dachte: O mein Gott, wir haben zuviel des Guten getan. Die Maskierung ist zu auffällig.

Er scheint zu merken, daß der Bart falsch ist. Gleich wird er eines der gezwirbelten Enden packen und ihn mit einem Ruck abreißen. Aber der Portier tat nichts dergleichen. Er war von Georges Darbietung gefesselt, denn George spielte seine Rolle gut. Ich sah, wie er von einem Bein aufs andere hüpfte, die Hände rang, wie sein Körper hin und her schwang und wie er den Kopf nach rechts und nach links drehte, und ich hörte, wie er sagte: «Biete, biete, biete, Sie müssen sich beeilen. Es geht um Leben oder Tott. Biete, biete, bringen Sie das eilig zu Mr. Pantaloon.» Sein russischer Akzent war mit keinem Akzent vergleichbar, den ich je gehört hatte, aber dennoch – es war etwas von wirklicher Verzweiflung in seiner Stimme.

Endlich sagte der Portier ernst und würdevoll: «Geben Sie mir den Zettel.» George gab ihn ihm und sagte: «Tanke, tanke, aber sagen Sie ihm, ist eilig!» Der Portier verschwand nach drinnen. Wenige Augenblicke darauf kam er zurück und sagte: «Jemand bringt es ihm.» George ging nervös auf und ab. Ich wartete und behielt die Tür im Auge. Drei, vier Minuten vergingen. George rang die Hände und sagte: «Wo bleibt er? Wo bleibt er? Biete, sehen Sie nach, ob er kommt!»

«Was ist denn los mit Ihnen?» fragte der Portier. Wieder betrachtete er Georges Schnurrbart.

«Es geht um Leben oder Tott! Mister Pantaloon kann helfen! Er muß kommen!»

«Ach, seien Sie doch still», sagte der Portier, aber er

öffnete wieder die Tür und steckte den Kopf hinein, und ich hörte ihn etwas sagen.

Und zu George gewandt, sagte er: «Er kommt gleich.»

Einen Augenblick später öffnete sich die Tür, und ein kleiner, eleganter Mann trat heraus: Pantaloon in Person. Er blieb an der Tür stehen und warf hastige Blicke nach allen Seiten, wie ein nervöser, ungeduldiger Spürhund. Der Portier legte die Hand an die Mütze und deutete auf George. Ich hörte Pantaloon sagen: «Ja, Sie wünschen?»

George sagte: «Biete, kommen Sie ein Stückchen weiter weg, damit niemand uns hören kann.» Und er zog Pantaloon über den Bürgersteig, in Richtung des Wagens, fort vom Portier.

«Jetzt machen Sie schon», sagte Pantaloon. «Was wollen Sie?»

Plötzlich rief George: «Sehen Sie mal!» und deutete die Straße hinunter. Pantaloon drehte den Kopf, und während er das tat, holte George mit dem rechten Arm aus und versetzte Pantaloon einen gewaltigen Kinnhaken. Ich sah, wie George durch die Gewalt des Schlages nach vorn taumelte – er hatte sein ganzes Körpergewicht in den Hieb gelegt. Und ich sah, wie Mister Pantaloon sich irgendwie vom Boden abzuheben schien und zwei Meter nach hinten flog, bis die Mauer des Penguin Clubs ihn aufhielt. All das lief sehr schnell ab, und dann saß George auch schon im Wagen neben mir, und wir fuhren los, und ich hörte auch, wie der Portier hinter uns auf einer Trillerpfeife pfiff.

«Wir haben es geschafft!» keuchte George. Er war aufgeregt und außer Atem. «Das hat vielleicht gesessen! Hast du gesehen, wie er gegen die Mauer geflogen ist?»

Es schneite jetzt stärker, und ich fuhr schnell und bog oft und plötzlich in Nebenstraßen ein und war ganz sicher, daß niemand uns in dem Schneetreiben einholen würde.

«Dieser Hurensohn ist fast durch die Wand gegangen, so gut hab ich ihn erwischt.»

«Gut gemacht, George», sagte ich. «Eine gute Arbeit, wirklich.»

«Hast du gesehen, wie er abhob? Er hob richtig vom Boden ab.»

«Womberg wird sich freuen», sagte ich.

«Und Gollogly und die Dame Hines auch.»

«Sie werden sich alle freuen», sagte ich. «Paß auf, wenn das Geld eingeht.»

«Da ist ein Wagen hinter uns!» rief George. «Wir werden verfolgt! Er ist uns dicht auf den Fersen! Fahr schneller! So schnell du kannst!»

«Unmöglich!» sagte ich. «Sie können uns nicht schon aufgespürt haben. Es ist nur ein Wagen, der irgendwo hinfährt.» Ich bog scharf nach rechts ab.

«Er ist immer noch hinter uns», sagte George. «Kurv weiter. Wir hängen ihn ab.»

«Wie, zum Teufel, können wir mit einem 1934er

Chevi einen Polizeiwagen abhängen», sagte ich. «Ich werde anhalten.»

«Fahr weiter!» rief George. «Du schaffst es!»

«Ich werde anhalten», sagte ich. «Es macht sie nur wütend, wenn wir weiterfahren.»

George protestierte heftig, aber ich wußte, es nützte nichts, und lenkte den Wagen an den Straßenrand. Der andere Wagen wich aus und fuhr an uns vorbei und kam schleudernd vor uns zum Stehen.

«Schnell!» sagte George. «Laß uns abhauen!» Er hatte die Tür schon geöffnet und war bereit loszurennen.

«Sei kein Narr», sagte ich. «Bleib, wo du bist. Du kannst hier nirgendwo verduften.»

Von draußen sagte eine Stimme: «Alles in Ordnung, Jungs, warum die Eile?»

«Wir haben's nicht eilig», sagte ich. «Wir wollen nur nach Hause.»

«So?»

«Ja, wir sind gerade auf dem Heimweg.»

Der Mann schob den Kopf durch das Fenster an meiner Seite und sah mich an und sah dann George an und dann wieder mich.

«Es ist eine scheußliche Nacht», sagte George. «Wir wollen versuchen, nach Hause zu kommen, bevor die Straßen alle zugeschneit sind.»

«Gut», sagte der Mann. «Regt euch nicht auf. Ich dachte nur, ich sollte euch das hier gleich geben.» Er ließ ein Bündel Banknoten auf meinen Schoß fallen. «Mein

Name ist Gollogly», fügte er hinzu. «Wilbur H. Gollogly.» Und er stand draußen im Schnee und grinste uns an, stampfte mit den Füßen und rieb sich die Hände warm. «Ich hab Ihr Telegramm bekommen und habe das Ganze von der anderen Straßenseite aus beobachtet. Sie haben feine Arbeit geleistet, ich zahle Ihnen das Doppelte. Das war es wert. Die komischste Sache, die ich je gesehen habe. Macht's gut, Jungs. Paßt gut auf euch auf. Sie werden jetzt hinter euch her sein. Ich an eurer Stelle würde die Stadt verlassen. Wiedersehen!» Und ehe wir etwas sagen konnten, war er schon fort.

Als wir endlich wieder in unserem Zimmer waren, fing ich sofort an, meinen Koffer zu packen.

«Bist du verrückt?» sagte George. «Wir brauchen nur noch ein paar Stunden zu warten und bekommen jeder fünfhundert Dollar, von Womberg und von dieser Dame Hines. Dann haben wir insgesamt zweitausend und können hingehen, wohin wir wollen.»

Also verbrachten wir den nächsten Tag in unserem Zimmer und warteten und lasen die Zeitungen. In einer stand ein ganzer Artikel auf der ersten Seite unter der Überschrift: «Brutaler Überfall auf bekannten Kolumnisten». Und wie erwartet brachte die Nachmittagspost uns zwei Briefe – in jedem waren fünfhundert Dollar.

Und jetzt, in diesem Augenblick, sitzen wir in einem Pullmanwagen, trinken schottischen Whisky und fahren nach Süden, an einen Ort, wo immer die Sonne scheint und wo es jeden Tag Pferderennen gibt. Wir sind ganz schön reich, und George spricht dauernd davon, daß wir zwanzigtausend Dollar machen könnten, wenn wir die ganzen zweitausend Dollar in einer 10:1-Wette auf ein Pferd setzen. Und dann könnten wir uns zur Ruhe setzen. «Wir werden ein Haus in Palm Beach haben», sagte er, «und auf großem Fuß leben. Die Schönsten und Besten der oberen Zehntausend werden sich an unserem Swimmingpool rekeln und kühle Drinks schlürfen, und nach einer Weile werden wir vielleicht wieder eine große Summe auf ein anderes Pferd setzen und werden noch reicher werden. Wahrscheinlich werden wir dann eines Tages genug haben von Palm Beach und lässig herumreisen, von einem Spielplatz der Reichen und der Superreichen zum andern. Nach Monte Carlo und so. Wie Ali Khan und der Herzog von Windsor. Wir werden prominente Mitglieder des internationalen Jetset werden, und Filmstars werden uns anlächeln, und Chefportiers werden sich vor uns verbeugen, und vielleicht irgendwann einmal, in künftigen Zeiten ... vielleicht werden wir sogar selbst einmal in Lionel Pantaloons Kolumne erwähnt werden.»

«Na, das wäre toll!» sagte ich.

«Ja, das wäre toll!» sagte er glücklich. «Das wäre doch wirklich 'ne tolle Sache!»

Rotkäppchen und die drei kleinen Schweinchen

Das Tier, das ich am höchsten schätze?
Es ist das Schwein, worauf ich setze!
– Das Schwein ist edel und auch klug.
Auch höflich ist es oft genug.
Doch ab und zu kommt es schon vor,
Da ist so 'n Schwein ein rechter Tor.
Was würden Sie zum Beispiel denken,
Wenn Sie zum Wald die Schritte lenken
Und plötzlich sehen Sie da so
Ein Schwein vor seinem Haus aus Stroh?
Der Wolf, der's sah, leckt sich die Lippen:
«Dem Schwein, dem brech ich bald die Rippen!
Ach, Schweinchen, Schweinchen, laß mich ein.»
«Nein», ruft das Schwein, «das wär schön dumm!»
«Dann huff und puff, da blas ich's um!»
Das kleine Schwein erstarrt vor Schreck.
Der Wolf, der bläst das Häuschen weg.
«Oh, Schinken, Speck und Rippenstück»,
Rief da der Wolf, «hab ich ein Glück!»
Er fraß das Schwein in zehn Sekunden,
Da war auch schon der Schwanz verschwunden.

Er wandert weiter selbstvergessen
Und denkt schon gar nicht mehr ans Fressen,
Da sieht er doch ein Haus aus Zweigen.
Ein andres Schwein nennt es sein eigen.
«Ach, Schweinchen, Schweinchen, laß mich ein.»
«Nein», ruft das Schwein, «das wär schön dumm!»
«Dann huff und puff, da blas ich's um!»
Der Wolf, der rief: «Auf los geht's los!»
Er pustet's weg mit einem Stoß.
Das kleine Schwein schrie angstbesessen:
«O Wolf, du hast doch schon gegessen!
So laß doch noch mal mit dir reden!»
Der Wolf: «Ich rede nicht mit jedem!»
Und dann verschlang er's, rülpste kräftig
Und meinte: «Das war doch recht deftig
Und noch plagt mich der Hunger heftig.
Gewiß, mein Bauch verdient Respekt,
Doch eß ich gern, solang's mir schmeckt.»
So schlich er leis wie eine Maus
Sich hin zum allernächsten Haus.
Es war insofern ihm suspekt,
Daß noch ein Schwein sich drin versteckt.
Doch dieses Schweinchen Nummer drei
War klüger als die andern zwei.
Kein Stroh, auch keine dürren Äste,
Sein Ziegelhaus, das war 'ne Feste!
Das Schweinchen höhnt: «Mich kriegst du nicht!»
«Dich atm' ich um!», der Wolf drauf spricht.

«Ich glaub, du unterschätzt das Haus
Und dein Gepuste hält's noch aus!»
Der Wolf, der bläst mit Sturmgewalt,
Das Haus steht da wie hingemalt!
«Wenn das an diesem Haus verpufft»,
Der Wolf drauf, «spreng ich's in die Luft!
Dir sing ich heut dein Abendlied
Mit einer Stange Dynamit!»
Das Schwein rief: «Hab's mir doch gedacht!
Woll'n doch mal sehn, was man da macht.»
Und wählt dann schnell die vier null acht.
Bei Rotkäppchen, da brummt der Summer
Und reißt sie aus dem Mittagsschlummer.
«Ach, du bist's, Schweinchen, hast du Kummer?»
«O ja, wenn's irgend dir kommod,
So hilf mir aus 'ner großen Not!»
Rotkäppchen drauf: «Sprich ungescheut!»
«So 'n böser Wolf war bei mir heut.
Ich weiß, auf die verstehst du dich.
Ach, bitte, laß mich nicht im Stich!»
«Ach, liebes Schwein, oh, wie fatal.
Den werd ich lehren, wart nur mal!
Ich wasche mir noch schnell das Haar.
Wenn's trocken ist, dann komm ich, klar!»
Und durch den Wald eilt sie dann später
Auf Suche nach dem Missetäter.
Der steht vorm Haus und bleckt die Reißer,
Die Augen brennen auch schon heißer

Und sind so gelb wie Mayonnaise,
Der macht nicht lange Federlese!
Rotkäppchen, lächelnd wie ein Röschen,
Zieht die Pistole aus dem Höschen
Und wieder nur ein einz'ger Schuß,
Und mit dem Bösewicht war Schluß.
Und hinterm Fenster der Insasse
Ruft: «Rotkäppchen, das war ja Klasse!»
Oh, Schweinchen, traut doch niemals nicht
Den Damen von der Oberschicht!
Denn Rotkäppchen, ist hier zu sagen,
Sieht man seither zwei Pelze tragen.
Und kriegt sie mal die Reisemasche
Trägt sie 'ne schweinslederne Tasche.

Roald Dahl

«Roald Dahl schreibt so, als habe er in der Folterkammer eines von Gespenstern angezündeten schottischen Schlosses das Licht der Welt erblickt.»

Wiener Wochenblatt

Georgy Porgy

Gesammelte Erzählungen

Deutsch von Wolfheinrich von der Mülbe, Hans-Heinrich Wellmann und Fritz Güttinger

448 Seiten. Gebunden

Als Taschenbuchausgaben liegen vor:

Küßchen, Küßchen!
11 ungewöhnliche Geschichten · rororo 835

... und noch ein Küßchen!
Weitere ungewöhnliche Geschichten · rororo 989

Kuschelmuschel
Vier erotische Überraschungen · rororo 4200

Der krumme Hund
rororo 959

... steigen aus ... maschine brennt ...
10 Fliegergeschichten · rororo 868

Rowohlt